JN125609

# 営業プロセス "見える化" マネジメント

**最新版** 1枚のシートで
業績アップ！

株式会社フリクレア代表取締役
## 山田和裕
KAZUHIRO YAMADA

同文舘出版

# 最 新 版 刊 行 に あ た っ て

　本書の初版が刊行された2016年以来の最も大きな変化は、新型コロナ
ウイルス感染でした。
　コロナ感染が広がり始めた当初は、「見える化」のコンサルティング
などは真っ先に経費削減の対象になるのではないかと不安を覚えたので
すが、杞憂に終わりました。逆に、「見える化」のニーズが高まり、問
い合わせが増えたのです。

　例えば、テレワークに関して、「見えない」という不安や課題が指摘
されました。
　「テレワーク中にちゃんと仕事をしているのか？」
　「業務中の部下の様子が見えず不安。どう管理すればよいのか？」
　「部下の働く姿が見えないのに、どうやって評価すればよいのか？」
　しかしこれらは、コロナ騒動やテレワークに関係なく、**営業マネジメ
ント分野で長年問われ続けている課題と本質的には一緒**なのです。

　試しに主語を「営業」にして、言い換えてみるとこうなります。
　「営業は勤務時間中、ちゃんと仕事をしているのか？　サボっている
のではないか？」
　「営業は外出が多いが、何をやっているのか見えず不安。どのように
管理すればよいのだろうか？」
　「営業はオフィスにはあまりいないので、何をやっているのか見えな
い。どうやって評価すればよいのか？」

　いかがでしょうか？　コロナ禍でクローズアップされたのは、すでに
以前から存在していた課題にスポットが当たって、ハッキリ見えてきた
だけの話です。今まで見えているつもりだったものが、もっと見えなく

なっただけで、本当はもともと見えていなかったのです。厳しい言い方をすると、薄々は気づきながらも面倒くさく緊急性もなかったので、放置されていたことのツケが回ってきたというわけです。

　解決のためには、まずプロセスの見える化が大前提となります。営業を変える前に、成果を上げるためにやるべきことを整理し、プロセスを標準化すること。本書では、DXツールを活用した見える化についてもお伝えしています。

　「ようやく時代がこの本に追いついた」。仕事でお付き合いのある何名かの方から言葉を頂戴しました。その指摘が正しければ、本格的な見える化への取り組みはこれからさらに加速することになります。

　見える化が当たり前になり、生産性向上、業務改善、営業力強化、そしてその先にある継続的な業績アップにつながることを祈るばかりです。

　この度の改定新版がその一助となれば幸いです。

2023年

株式会社フリクレア　山田和裕

※本書は2016年5月発行の初版に2023年8月現在の情報を加筆修正したものです。

# はじめに

**◆業績アップの特効薬「営業プロセス"見える化"マネジメント®」**

　営業の仕事は個人のセンスや努力次第であり、そのノウハウをまとめるのは難しいと考えている人がまだ多いようです。

　「営業のやり方は属人的なもの。100人の営業マンがいれば、100通りのやり方があっていい」

　15年前まではまことしやかにそう言われていました。いまだにそう考えている会社も少なくないと思います。

　しかし今では、プロセス見える化の手法も進歩して、「**できる営業の勝ちパターン**」を体系立てて説明することができるようになりました。実は、**できる営業＝トップセールスのノウハウは、新人でもわかるように見える化が可能**なのです。

　以前、私はプロセスの見える化に関するセミナーを開催しました。テーマは「**できる営業のプロセス」を見える化して売上アップする特効薬**。

　正直なところ、セミナー当日の開催直前まで、弊社のように無名で小さな会社のセミナーにどれくらいの人が参加してくれるのか不安でした。が、その不安はいい意味で裏切られ、申込みはすぐ満員に。プロセスの見える化に参加者自身が取り組むワークショップも好評で盛り上がり、ご満足いただけたようでした。

　このセミナーを通して「目標達成のためには結果の数字だけでなく、途中のプロセスにも目を向けなければならない」というプロセス重視の考え方に関して、ビジネス関係者、特に部長以上の営業リーダークラスの意識が思っていた以上に高いことをあらためて確認することができたのです。

「数字目標は常に前年度比アップ。継続的に目標を達成するためにはどうすればよいのだろうか？」

　経営者や営業責任者などの営業リーダーは逃れることのできない永遠の課題です。

　「どこかに、業績アップの特効薬はないのだろうか……」

　その答えが、本書にあります。

　**できる営業のやり方を誰もがわかりやすい形で標準化し、たった１枚のシートで見える化する。それを営業の勝ちパターンとして組織で共有しながら、効率よく業績改善につなげる。**

　この**営業プロセス"見える化"マネジメント**®を徹底することが、業績アップの特効薬なのです。

　実際、私のコンサルタント先でも、営業プロセスを見える化し、カイゼンを繰り返しながら、営業マネジメントを進化させ、競合との差を広げている会社が着実に増えています。


　プロセスの見える化というと、大変そうではないかと感じるかもしれませんが、普段行なっている仕事の内容を「進捗」「活動」「やるべきこと」の３つの軸で棚卸し、「**１枚の営業プロセス"見える化"シート**」に整理するだけです。そうすると、営業の勝ちパターンがわかり、組織の課題や強化すべきポイントも見えてきます。

　その実際の見本を、本書の巻頭折込みページにしました。本書のエッセンスがつまったダイジェスト版なので、これを見れば、内容の概略を手っ取り早くイメージすることができます。

　また、この見える化シートを参考にしながら、自社の営業用にアレンジしたり、応用して独自の見える化シートをつくることができます。

　営業する商品・サービスやプロセスを表わす言葉は会社により多少違いますが、私がこれまでのコンサルティング経験を通じて得た汎用性の高い「提案型営業」のお手本を示しています。やるべきことを営業リーダー自身もあらためて再確認したり、部下の指導に役立てたりすること

もできるはずです。ぜひ、ご活用ください。

そして、このプロセスを1枚の見える化シートにまとめる手法を「**3次元プロセス分析法**®」と呼び、本書でそのやり方を詳しく解説します。

さらに、組織として営業力を上げるために、見える化したプロセスを人事評価項目に取り入れることも大切な経営要素です。この「**進化したプロセス評価**®」についても8章で説明します。

## ◆本気で業績アップを目指す企業のために

「見える化」という言葉は一般化しましたが、営業を中心とするホワイトカラー分野では、まだまだイメージ先行で実態が伴っていないのが現状です。実際のところ、日本の誇る製造現場に比べ非効率だと指摘されて久しい。そう言われて、悔しく感じるのは私だけでしょうか。

しかし、モノづくりでできて、営業でできないはずがありません。違いは、営業は属人的だという思い込み。科学的な営業マネジメントの欠如。そしてそもそも肝心の「効率化するモノ」が見えないこと。

今や、営業の現場で「見える化」という考え方の理解浸透、仕組みづくりとノウハウの蓄積・共有は待ったなしの急務です。

本書では、営業プロセスの「標準化」→ ツールによる「見える化」→ 組織内での「共有化」→ 人財育成による営業力強化 → 標準プロセス徹底による業績アップという、営業プロセス"見える化"マネジメントの手法を、理論的・実践的に説明します。

これまでの100社以上の会社のコンサルティングを通して培ったノウハウを紹介しています。

最後に、期待させるだけでなく、業績アップに欠かせない大切なポイントを強調しておかなければなりません。それは、「営業プロセスや勝ちパターンが明確になっても、本気で徹底しなければ結果は変わらな

い」ということです。

　営業プロセス"見える化"マネジメント®もしょせんツールのひとつにすぎません。「頭でわかっていても、実際できるかどうかは別」なのです。医者から特効薬の処方箋を出されても、その薬を治るまで正しく服用し続けなければ効果は出ません。

　50年以上、精神論頼みで本質的には変わらない古い日本の営業のやり方を変えるために、「プロセス主義®」をポスト成果主義として世の中に問うてみたい。見える化のノウハウをオープンにし、少しでも活用してくれる人々の輪を広げたいと考え、本書を執筆しました。

　微力ながら、本書を通して、精神論・根性論・抽象論から抜け出せず疲弊する営業現場に、科学的な営業のやり方を浸透させ、より効率的に業績をアップさせる舵取りのお手伝いができれば望外の喜びです。

　日本企業の営業マネジメントをよりよいものにしたいという想いをもつ営業リーダーの旗振りのもと、プロセスの見える化に取り組み、営業の底上げを通して、業績の継続的改善というゴールを達成されんことをお祈りします。

株式会社フリクレア　山田和裕

　※「営業プロセス見える化マネジメント」「3次元プロセス分析法」「プロセス主義」
　　「進化したプロセス評価」は株式会社フリクレアの登録商標です。

最新版　1枚のシートで業績アップ！
営業プロセス"見える化"マネジメント　目次

# 6章

# プロセスで行なう「人財育成」
—— 勝ちパターンを共有し、営業力を強化する

# 7章

# 進化し続けるための
# プロセスの「カイゼン」
—— プロセスはつくって終わりではない

**カバー・本文デザイン**　朝日メディアインターナショナル
**図版制作**　ニクスインク
**本文DTP**　萩原印刷

# 1章

営業はプロセスがすべて
── 結果はプロセスの延長線上にしかない

# 01 業績という 結果を出すために 必要なもの

　経営者や営業責任者は、「業績の継続的改善」という永遠の経営課題を常に突きつけられています。組織の目標数字に責任をもつ営業リーダーは、売上や利益などの業績アップを、毎年のように求められるのが宿命。決して目標数字から逃れることはできません。

　しかし、はっきりしていることがひとつだけあります。それは、もはや**結果だけを追い求めても業績は上がらない**ということ。結果の数字にしか目を向けず、精神論で叱咤激励するだけのこれまでの古い営業管理は、もはや通用しません。

　プロセスを無視する会社や組織は、業績アップはおろか、これからは生き残ることすら難しいことを覚悟しなければなりません。

## ■「結果がすべて」は幻想

　「結果がすべて」──よく聞く言葉です。しかしこれは、誤ったビジネス常識にすぎません。古い営業管理の幻想によって刷り込まれた、単なる虚言です。ビジネスでは、多くのことが"根拠のない言い伝え"によって縛られているのです。

　結果だけを求めても何も好転しない、いや、むしろ悪いスパイラルに陥ってしまうということにそろそろ気づき、目を覚ます時です。

　いまだに「私は結果しか見ない。プロセスは関係ない」と言ってはばからない経営者や管理者もいますが、時代遅れもはなはだしい。具体的にどうやれば効果的に成果を上げられるか、わかっていないことの裏返しです。

根拠のない目標数字を掲げ、数字と精神論だけで部下を締め上げ、追い込む姿が透けて見えるようです。古い営業管理のやり方しか知らないのであれば、これからの時代には通用しません。自ら学ばず成長しないまま、工夫や試行錯誤することを放棄し、思考停止していることを恥ずべきです。ビジネスの世界では、このように「物事が深く考えられていない」のが大きな問題なのです。

　実は、**継続的な業績改善にとって、目先の結果主義（短期的な結果主義）という誤ったビジネスの常識が最大の壁なのです。**この呪縛から逃れるためには、営業リーダー自身の「信念」と「プロセスの見える化」の実践を通して、結果を出した成功体験が求められます。

　知ったかぶりの傍観者の「結果がすべて」というまことしやかなささやきにより、長年にわたって吹き込まれてきたのが、目先の結果主義です。新聞やニュースでは決して指摘してくれないので、放っておけば誰でもかかりやすい罠です。

　「結果がすべて」という虚妄が科学的に証明されることはありませんが、「目先の結果主義を追求して、長期にわたって結果を残せた会社はない」という反証例は、枚挙にいとまがありません。

　営業に真剣に取り組み、試行錯誤しながら成果を出し続けている人は確信しています。**「結果の数字は成果につながる"正しいプロセス"を行なった、必然の帰結としてついてくるものである」**ということを。

## ■ 水面下のプロセスは見えにくい

　「プロセス」と「結果」の因果関係は、氷山に例えることができます。図1 - 1をご覧ください。

　「受注」や「売上」などは、数字でわかりやすく見えます。氷山でいうと水面上に出ている部分です。一方、その結果を出すために必要な「提案」や「ヒアリング」などのプロセスは、数値化されていないので見えにくくなっています。しかし、この部分には、見えている部分の何

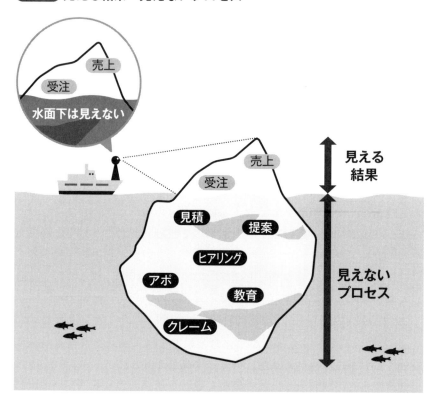

**図1-1** 見える結果・見えないプロセス

売上

受注

水面下は見えない

売上

受注

見積

提案

ヒアリング

アポ

教育

クレーム

見える結果

見えないプロセス

倍もの氷（仕事のプロセス）が隠れているのです。

　常に結果を出し続けている「できる営業」は、氷山の水面下にあるその行動が他人に見えているかどうかにかかわらず、"やるべきこと"を裏で淡々とやっているものです。その事実に目を向けなければ、さらなる飛躍は望めません。


## ■「当たり前のこと」「やるべきこと」とは何か

　では、「正しいプロセス」や「やるべきこと」とは何なのでしょうか。できる営業は、どのような仕事のやり方をしているのでしょうか。

あらためて問われると内容の曖昧なことに気づき、言葉に詰まります。

　実はできる営業自身も、その理由や内容をよく理解しておらず、うまく説明できないのです。私もこれまで300人以上のできる営業にヒアリングしましたが、一番多かったのは、**「当たり前のことを、当たり前のようにやっているだけ」**という拍子抜けするような回答でした。

　「では、"当たり前"のこととは一体何なのか……？」


　さらに、あまり意識されていませんが、「やるべきこと」（重要なプロセス）の考え方・とらえ方に、上司と部下の間に一種の溝のようなものがあります。上司からすれば、「やるべきことや当たり前のことが、どうしてできないのか」という疑問とストレスがあります。一方、部下は必ずしも上司の考え方を正しく理解している人ばかりではありません。

　そもそも「やるべきこと」が明確に定義されている現場は、意外に少ないのです。ここに諸悪の根源があるとも言えます。

　人財育成においても、担当・役職ごとに「やるべきこと」がはっきりしていないのは問題です。特に若い世代は、考えすぎてしまったり、質問が苦手で「聞きたくても聞けない」傾向があります。たまに勇気を出して人に聞いても、何となくモヤッとした抽象的な説明しか返ってこないのでは、部下も戸惑うばかりです。

　具体的なプロセスで、組織としてやってもらいたい「当たり前のこと」や「やるべきこと」を明確に伝えなければ、上司と部下の間に横たわるコミュニケーション・ギャップは永遠になくなりません。


　ここで、本書の中で頻繁に出てくる重要なキーワードである**「プロセス」**という言葉についての考え方を明らかにしておきましょう。

　本書におけるプロセスとは、**業務の"見える化"**のために会社や組織が整理した、成果を出すのに必要な活動のことです。これを**「標準プロセス」**と呼び、基本的には、**「業績アップや業務効率改善のために必要だと会社が認めたプロセス」**のことを指します。

　プロセスの定義については、3章であらためて詳しく書きます。

# 02 プロセス主義のすすめ

## ■ 結果はプロセスの延長上に

「どこかに業績アップの特効薬はないだろうか……」。

経営者や営業責任者などの営業リーダーであれば、一度や二度は心の中でつぶやいたことのある言葉ではないでしょうか。そしてマネジメント誌や経営書ではその声に応えるように、手を替え品を替え、流行りのマネジメント手法を紹介し、はやし立てます。

残念ながら、手間もかからず何の努力も必要としない、どんな企業や組織にでも効く、そんな都合のいい魔法のマネジメント手法は存在しません。

ですが、営業リーダーが本気で徹底して取り組む覚悟があれば、この本の中に業績アップの処方箋を見つけることができるはずです。

**業績アップという結果は、"正しいプロセス"の延長線上にしかない。**そして、継続的に結果を出し続ける秘訣は、**営業プロセス"見える化"マネジメント**の徹底にあります（5章で詳しく説明します）。

目先の結果にしか目を向けない「目先の結果主義＝短期主義」はすでに崩壊しています。業績アップのためには、できる営業が行なっている成果につながりやすいプロセスを標準化・見える化して、カイゼンをくり返しながら本気で徹底することが求められます。正しいプロセスの徹底こそが、業績を上げる特効薬なのです。

## ■ 成果主義からプロセス主義へ

　失われた時代（註[1]）を振り返れば、単なる短期的な結果追求は長続きせず、結局、誰も幸せになれないことは証明されています。

　アメリカ的な「誤った成果主義＝結果主義」は、日本的経営のよさである中長期的な視点での経営と相反するものであり、はっきり言って日本企業には合いません。そろそろ単なる数字管理から卒業して、結果に至るプロセスに目を向け、日本的経営のよさであるチーム力を活かしながら、科学的な営業マネジメントに取り組む時なのです。

　時代は「成果主義からプロセス主義へ」。"プロセス主義"とは、正しいプロセスを見える化し、その徹底を人事評価で支えることです。そし

**図1-2** プロセス見える化×プロセス評価＝プロセス主義®

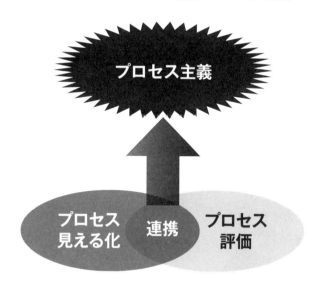

註[1]：バブル崩壊以降の失われた期間は10年 → 20年 → 30年と段々伸びてきていますが、気づけばもう四半世紀を過ぎています。期間のとらえ方は人によって異なりますが、あまりにも低迷期間が長いので、もはや○年というよりは包括的に「失われた時代」と言い換えた方がよいでしょう。

て、営業で結果を出すためには、プロセス主義を徹底すること。それが本書で伝えたい大切なテーマです。

　本書では「できる営業の勝ちパターン」を1枚のシートで見える化し、効率よく業績改善につなげる手法を紹介します。プロセスを見える化するために、「3次元プロセス分析法」という独自の手法を使うので、その内容についても詳しく解説します。

　「営業の見える化とはどういうことなのか」「どうすれば見える化できるのか」「見える化がどうして業績アップに結びつくのか」。これらの疑問に答えるために、

①営業プロセスの「標準化」→ ②ツールによる「見える化」→ ③組織内での「共有化」→ ④「人財育成」による営業力強化 → ⑤「カイゼン・徹底」による業績アップ

　という「プロセスの見える化が業績アップにつながる5段階」にそって説明していきます。

**図1-3** 業績アップの5段階

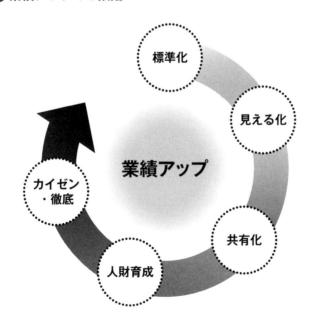

## ■ 数字だけを追い求めて失った大切なもの

　残念なことですが私の知る限り、この50年近く、日本の売上や利益を達成するための営業管理の本質は変わっていません。

　目先の短期的な数字だけを追い続ける「結果主義」。具体的な解決策を示すことなく精神論・根性論だけで人を追い込む「精神主義」。ノウハウを隠し、成功・失敗パターンの分析・共有を行なわないまま同じ過ちをくり返す「非科学的な営業」。世の中は激変しているのに、営業という世界の本質はまったく進歩していないのです。

　人事評価も同様です。本来は「人財」を育て、業績の継続的改善を支えるべき人事評価も、給与原資の配分手段、ひどい場合はリストラの道具と化しています。

　うわべの制度だけは流行に合わせてそれなりに整備し、建前は取り繕っていても、本音の部分では不公平な数字評価や、好き嫌いによる曖昧な主観頼みの評価から卒業できていません。


　失われた時代については、その問題をとらえる視点や角度により諸説ありますが、「グローバルスタンダードという名のオブラートを被せた、アメリカ型経営を表面的に取り入れた**目先の結果主義**と誤った**成果主義**が、その裏にある真因ではないか」というのが私の仮説です。

　特に成果主義の導入以降、日本的経営の強みであった組織力が弱体化。日本的なチームワークを失い、人財育成がおろそかになってしまいました。誤った成果主義により、行き過ぎた個人主義がはびこってしまった結果、組織でノウハウを共有しながらカイゼンを行ない、人を育てるという土台づくりがなおざりにされてしまったのです。

　中長期的な視点をおろそかにし、短期的な利益だけを追い求めるやり方の延長線上で、これからの時代を勝ち抜いていけるのか、はなはだ疑問です。自分で考えることを放棄し、輸入された流行りの経営手法に飛びつき、形だけを真似する愚かな経営からはそろそろ卒業した方がいい、と考えるのは私だけでしょうか。

# 03 業績改善のための課題解決

## ■ 営業の課題トップ10

　言うまでもありませんが、業績に直結する業務プロセスは営業です。業績アップを目指すにあたっては、組織が抱える営業課題に目を向け、解決していくことが前提になります。課題解決という環境整備なくして、業績アップというゴールを目指すことはできません。

　読者の方も自分の組織の営業課題がいくつか頭に浮かぶのではないでしょうか。参考までにこれまでに行なったアンケート結果からまとめた「営業課題のトップ10」を紹介しましょう。

　次ページの図1-3を見てください。

　この結果から営業には様々な課題があること、そして、そのランキング傾向がわかりますが、肝心なのはどうやって解決するかです。

　しかし朗報があります。実はここに挙げたすべての営業課題が、「営業プロセス見える化マネジメント」で解決が可能なのです。

　営業という仕事をプロセスで因数分解して見える化すると、課題を具体的なプロセスで正しく特定できるようになります。そうすることで、課題解決のためにやるべきことが、具体的に示しやすくなるのです。

## ■ 営業の課題は3つにグルーピングできる

　とは言っても、こういった課題を営業プロセスの見える化でどうやって解決するのか、すぐには連想しづらいかもしれません。

**図1-4** よくある営業の課題トップ10

3つの真因

**1位** 新規顧客開拓を強化したい ⟶ 見える化

**2位** 属人化している営業ノウハウの共有 ⟶ ノウハウ共有

**3位** テレワークによる営業管理（時々の流行りのテーマ）⟶ 見える化

**4位** 営業効率化・生産性向上 ⟶ 効率化

**5位** 分業やチーム営業による組織力強化・負荷軽減 ⟶ 効率化

**6位** 結果を出すためのプロセスの標準化 ⟶ 見える化

**7位** 営業力強化（マネージャー・営業の底上げ）⟶ ノウハウ共有

**8位** 営業の実態や案件の進捗が見えない ⟶ 見える化

**9位** 人財育成の基本の型がない ⟶ ノウハウ共有

**10位** 営業のDX化（SFA／CRMの活用活性化・入替）⟶ 効率化

しかし実は、ここに挙がった10の課題を突き詰めていくと、3つの真因に集約できるのです。

その3つの真因とは、〈見える化〉〈ノウハウ共有〉〈効率化〉です。

営業の課題トップ10をこの3つの真因でまとめ直すと、次のようにグループ分けできます。

〈見える化〉
　（1位）新規顧客開拓を強化したい
　（3位）テレワークによる営業管理（時々の流行りのテーマ）
　（6位）結果を出すためのプロセスの標準化
　（8位）営業の実態や案件の進捗が見えない

〈ノウハウ共有〉
　（2位）属人化している営業ノウハウの共有化
　（7位）営業力強化（マネージャー・営業の底上げ）
　（9位）人財育成の基本の型がない

〈効率化〉
　（4位）営業効率化・生産性向上
　（5位）分業やチーム営業による組織力強化・負荷軽減
　（10位）営業のDX化（SFA／CRMの活用活性化・入替）

### ■〈見える化〉一番の課題は新規顧客開拓

それでは、グループ分けした3つの真因ごとに、課題解決のヒントを簡単に解説していきましょう。まずは、〈見える化〉から始めましょう。

**「営業の実態や案件の進捗が見えない」**ままでは、事態は好転しませんし、様々な課題も解決しません。モノづくりの現場では、作業工程を

"標準化"し、トラブルが起こったらすぐ対応できるように"見える化"しています。営業でも同様に、営業工程（プロセス）をきちんと整理して、見える化すればいいのです。

　しかし、見える化する前に、**「結果を出すためのプロセスの標準化」**が必要になります。そのためにはまず、誰もが納得する「できる営業」を選びます。次に、できる営業が成果を上げるために意識している「やるべきこと」を勝ちパターンとして整理します。そして、各プロセスのノウハウやポイントを直感的でわかりやすいツールにまとめます。

　本書では、業績向上や業務効率の改善につながるプロセスを整理して、**「見える化ツール」**にまとめる**3次元プロセス分析法**という独自の手法を紹介します。この方法については、2～4章で詳しく説明します。

　標準化と見える化という下準備が整ってはじめて、**「新規顧客開拓を強化したい」**という課題解決に本格的に取り組むことが可能になります。詳細は4章で述べるので、ここではやるべきことのポイントだけに触れておきます。

　まず最初に、新規顧客開拓強化のためにやるべきことを見える化ツールで明確にします。例えば、新規営業をどうやって強化するのかという「営業強化戦略・戦術」の立案です。

　次に、「パートナー戦略」で、間接販売ルート強化の具体案を示します。営業強化により増えた引き合いに対応するため、「問合せ対応」など迅速・スピーディなアフターフォローの徹底も欠かせない要素です。

　さらに、既存顧客対応に比べ、新規顧客開拓には時間と手間がかかるので、営業の途中段階の努力に報いるよう、プロセスも評価するという人事評価面での工夫も求められます。

　このように新規顧客開拓のためには、やるべきことがいくつもありま

す。このあたりの実践的な内容は、4章で標準プロセスのまとめ方を説明する中で詳述します。

　話は変わりますが、ランクの3番目くらいに時々の流行りのテーマが来る傾向があります。この最新版刊行のタイミングでは、アフターコロナへの対応テーマとして「**テレワークによる営業管理**」。対応策としては見える化が必要なので、このグループに入れておきます。

　それ以前は、残業問題などの労働環境をよくするための仕事の効率化というテーマが、言葉を変えながら現われては消えていきました。例えば、新型コロナ発生前は、働き方改革でした。その前にさかのぼると、ライフワークバランス。もっと前は、シンプルに残業削減と呼んでいました。

　これからも似たような話が言葉を変えて課題としてクローズアップされるはずです。しかし、仕事のやり方をしっかり見える化し、どこにボトルネックがあるのかを明らかにした上で、根本的な手を打たない限り、メディアを賑わすネタにはなるものの本質的な改善期待できません。

## ■〈ノウハウ共有〉"見える化ツール"を活用する

　次は〈ノウハウ共有〉です。

　「**属人化している営業ノウハウの共有化**」のために、プロセスの見える化ツールを組織で活用します。

　「**人財育成の基本の型がない**」という悩みは、見える化ツールを基本の型とすることで解消できます。

　見える化ツールは、「成果を出しやすいプロセス」を明確にし、「やるべきこと」を漏れなく徹底するための"人財育成の基本の型"です。できる営業の勝ちパターンの基本型でもあり、わかりやすいお手本になりま

す。そして、マニュアル好き、ツール好きな若い世代にも受け入れられやすい営業のテキストにもなります。

　さらに、見える化ツールは組織内で仕事のコミュニケーションをスムーズにする"共通言語"にもなるので、上司と部下、同僚との間で仕事を進める際の理解や意識のズレも少なくなります。

　そして、見える化ツールをテキストとして活用した「OJT・研修」「人事評価」「DXツール」という4つの要素をセットで導入することで、「営業力強化（マネージャー・営業の底上げ）」を実現することができます。

　4点セットの考え方に関しては、6章で詳しく解説します。


## ■〈効率化〉営業の負荷を減らす仕組みづくり

　3つ目は〈効率化〉です。

　ほとんどの営業組織では、営業一人ひとりに営業プロセスのすべてを担当させているようです。しかし、これでは属人的な力に頼らざるを得ず、効率化にも限界があります。

　できる営業であれば、すべてのプロセスを高いレベルでこなすことができますが、現実的には個々人で得手不得手があり、全員が同様にできるわけではありません。

　「営業効率化・生産性向上」を図るには、本人が集中して「やるべきこと」と「人に任せて効率化を図ること」を、標準プロセスで組織が整理するのが基本です。

　そして、役職ごとの役割分担をハッキリさせて、メリハリをつけます。例えば「決裁者との関係構築」は上司、「提案書作成」は一般社員といった具合です。

次に、その業務が得意な人間に任せることにより、各人がやるべきことに集中できる体制をつくること。すなわち、「**分業やチーム営業による組織力強化・負荷軽減**」が、効率化の答えのひとつになります。

　コロナ禍以降導入が増えているインサイドセールスは、この分業による営業効率化・生産性向上の考え方を基本にしています。

　また、見える化ツールで仕事を因数分解すると、営業一人ひとりの「得手不得手 ＝ 強み・弱み」が把握しやすくなり、個々の強みを活かすことにより、得意な人間に特定のプロセスを任せる分業制や、弱みを補うチーム営業が可能になります。

　このようにして、適材適所で人を活かすことでモチベーションを保ちながら、営業効率や生産性を前向きに向上させる仕組みをつくることができます。

　ところで、「**営業のDX化（SFA／CRMの活用活性化・入替）**」ですが、実はこれは営業課題そのものではありません。SFA／CRMなどの営業支援システムは、あくまでも営業課題を解決するためのツールです。

　しかし、課題を尋ねると、これをあげる人が少なくないので、10位として最後に入れてあります。

　営業報告をデジタル化したり、行動プロセスや営業数字の集計を簡素化するなど、その用途は目的により変わってきますが、ここでは効率化の中にグルーピングしておきます。

　SFA／CRMなどのDXツール活用については、6章でその役割を解説します。また、9章でSFA／CRMが活用されない9つの失敗パターンについても述べます。


## ■ 課題は根底でつながっている

　営業の課題トップ10の課題解決について、3つの真因にグルーピング

しましたが、どのように感じたでしょうか。

　個々の課題は独立しているのではなく、相互に関連し、時には連動しているなど、密接につながり合っていることに気づかれたと思います。

　注目してほしいのは、表面上は別な問題に見える10の営業課題が、実は営業プロセス全体の根底でつながっているということなのです。

　もちろん会社や組織により、課題の表面的な現われ方は異なります。ところが、異なる課題を深掘りしその解決策を探るうちに、「そもそも標準的な業務のやり方が存在しない」「明確になっていない」「共有されていない」「人財育成の仕組みやツールがない」「ボトルネックになっているプロセスが見えていない」など、業種・業界を超えた共通の課題が見えてくるのは大変興味深いことです。


　プロセスの見える化は、表面的な課題を入口にしますが、その課題をプロセスで因数分解し、さらに深掘りすることにより真因を見つけ出し、解決策を自然と導き出すマネジメント手法とも言えます。

　営業課題は必ずしも営業部門のがんばりだけで解決できるものではなく、関連部門との連携や、営業スタイルに大きな影響を与える人事評価制度とも密接に関連してきます。

　プロセスの見える化を進めるうちに、当初はあまり意識していなかった経営的・組織的な課題といった、より上位の真因も自然と見えてきます。あるひとつのボトルネック（根本課題）を解決することにより、他の付随する課題も自然と解消されることも間々あります。

　だからこそ、「営業プロセス見える化マネジメント」は、最大かつ永遠の経営課題である業績アップの特効薬と言えるのです。

## 1章のまとめ

☐ 目先の結果主義と誤った成果主義が、
　業績改善の最大の敵。

- - - - - - - - - - - - - - - - - - - - - - - - - - - - - - -

☐ 営業はプロセスがすべて。
　結果は正しいプロセスの延長線上にしかない。

- - - - - - - - - - - - - - - - - - - - - - - - - - - - - - -

☐ 時代は「成果主義からプロセス主義へ」。
　"プロセス主義"とは、プロセスを見える化し、
　プロセスの徹底を人事評価で支えること。

- - - - - - - - - - - - - - - - - - - - - - - - - - - - - - -

☐ プロセスの見える化が業績アップにつながる5段階：
　①営業プロセスの「標準化」→ ②ツールによる
　「見える化」→ ③組織内での「共有化」→
　④「人財育成」による営業力強化 →
　⑤「カイゼン・徹底」による業績アップ

- - - - - - - - - - - - - - - - - - - - - - - - - - - - - - -

☐ 営業課題はプロセス単位で因数分解すれば、
　真因特定が可能。課題は営業プロセス全体の根底で
　つながっている。

- - - - - - - - - - - - - - - - - - - - - - - - - - - - - - -

# 2章

営業プロセスを見える化する

──「3次元プロセス分析法」の考え方

# 01 業務プロセスを 3つの軸でとらえる

　ここまでの話で「結果を出すためにはプロセスの見える化が大切」ということは理解してもらえたと思います。では、営業のプロセスを見えるようにするには、具体的にはどうすればいいのでしょうか。

　本書では「3次元プロセス分析法」という独自の手法を使い、営業で結果を出し続けている「できる営業」のやり方を手本にして、勝ちパターンを整理して見える化します。

　その詳細に入る前に、3次元プロセス分析法とはどういうものなのか、まず基本コンセプトとその特徴、メリットなどを説明しておきましょう。

## ■「3次元プロセス分析法」とは？

　「業務プロセス」というと、横一直線の棒や帯のようなものをイメージする人が多いのではないでしょうか（図2−1参照）。しかし、このような1つの単純な帯では、現代の複雑なビジネスは表現できません。

　進捗や活動状況により、やるべきことやチェックすべき項目が異なり、業務も大体の基本パターンはあるものの想定外の展開も多いので、その内容やとらえ方を忠実に再現しようとすると、かなり複雑になります。

　あるいは、業務フローチャートのような、業務の流れを細かく矢印などで示したものを想像する人もいるでしょう（図2−2参照）。

　これは社内手続きの整理やシステム構築、あるいは、内部統制などの

**図2-1** 横一直線の営業プロセス図

引合 〉 提案 〉 見積 〉 クロージング 〉 受注

**図2-2** 業務フローチャート例

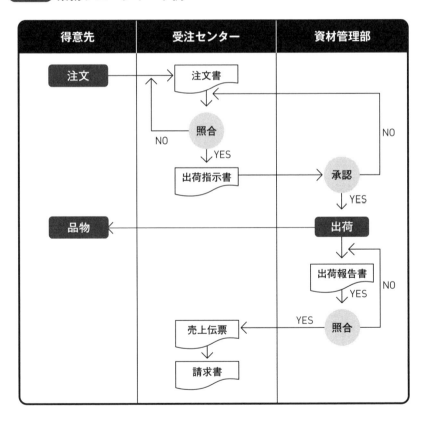

管理的な目的で使われるケースが多くあります。しかし、主に細かい実務処理的な業務手順にフォーカスすることが多いので、枝葉に目が行きがちで全体像を見失いやすいという欠点があります。また、例外対応も含めすべてのケースを忠実に表現しようとするあまり、細かい矢印（→）が様々な方向に飛び交うため、見にくくわかりにくいという印象をもっている人も多いのではないでしょうか。

　では、３次元プロセス分析法とは何か。簡単に言うと、**業務プロセスを【進捗】【活動】【やるべきこと】の３つの軸で３次元的・立体的にとらえる**こと。普段行なっている仕事の内容を３つの軸で棚卸し、１枚のシートに整理するだけで、強化すべきプロセスや組織の課題が見えてきます。

　"３次元"とはいっても、３Ｄテレビのようにプロセスが飛び出して見えるわけではありませんので誤解なきよう。

**図2-3** ３次元プロセス分析法

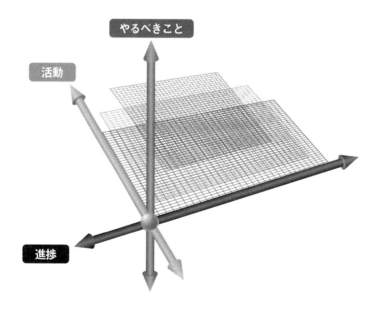

## ■ 1枚のシートでプロセスを見える化する

　一般的な業務プロセス分析と３次元プロセス分析法の違い、そして、３次元プロセス分析法の基本コンセプトは理解してもらえたのではないかと思います。しかし、抽象的な説明だけでは、具体的なイメージをつかみづらいでしょう。

　そこで、本格的な説明に入る前に、もう少し補足しておきたいと思います。次ページの図２－４は、３次元プロセス分析法で業務プロセスの全体像を１枚のシートにまとめたイメージです。上から、【進捗】【活動】【やるべきこと】の順番で３つの軸が並んでいます。

　上段の【進捗】は、①自社のゴールを達成するための進捗、あるいは、②お客様が製品やサービス購入を検討する購入プロセスです。

　中段の【活動】は、進捗を進めるために、自社の営業が行なう社外プロセス、および社内プロセスです。

　下段の【やるべきこと】は、進捗や活動に応じて、徹底・強調したいチェック事項・ポイント・ノウハウとなります。


　通常は、【進捗】【活動】【やるべきこと】が頭の中で混在していて、整理されていません。そこで、このように３つの軸でプロセスを３次元的・立体的にとらえて整理すると、わかりやすくなります。

　例えば、図２－４の点線で囲んだ箇所に注目してください。【進捗】が「ニーズ顕在化」で、【活動】として「ヒアリング」を行なう時、【やるべきこと】は、「（顧客の）課題把握」や「予算の確認」「決裁者の確認」「スケジュール（の確認）」になるわけです。


　このようにプロセスを定義し整理することで、商談を進めていく際の自社の視点と顧客視点、そしてその時々でやるべきことが、俯瞰的に把握できるようになります。顧客視点も、具体的に【進捗】として表わして意識することにより、相手の立場から自社のゴールを達成するためにはどう行動すればよいかが、より具体的に見えてきます。

**図2-4** プロセスシート簡略版のイメージ

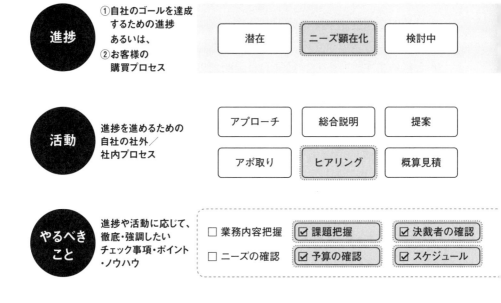

このように、3次元プロセス分析法で1枚のシートにまとめた業務プロセス全体の俯瞰図を、「**プロセスシート**」と呼びます。プロセスシートがプロセスを見える化するための基本となり、出発点になります。

図2-4はプロセスシートの全体像を簡略化したイメージです（以下、「**プロセスシート簡略版**」）。プロセスシートの詳細については、4章で解説します。

| コンペ中 | 最終段階 | 発注 | 導入 | 保守サポート |

| プレゼン | 詳細の詰め | 受注 | 納品 | アフターサービス |

| 詳細見積 | クロージング | 契約 |

☐ 競合情報　　　☐ 導入目的の明確化　　　☐ 引合ルート

☐ キーマン情報　☐ 阻害要因　　　　　　　☐ 価格・納期の詰め

# 02 | 3次元プロセス分析法の メリット

## ■ 3次元プロセス分析法で得られる5つのメリット

3次元プロセス分析法のメリットは、以下の5点です。

### ①業務の全体像を1枚のシートで見える化できる

3次元プロセス分析法の最大のメリットは、誰にもわかりやすく1枚の営業プロセス"見える化"シートで業務プロセスを見える化することができるという点です。

自分の担当業務については誰でもよくわかっているはずですが、その内容を「第三者にわかりやすく簡単に説明してほしい」と言われて、本当にわかりやすく説明できる人が、はたしてどれくらいいるでしょうか。あるいは、「1枚の紙にわかりやすくまとめてください」と問われて、すぐできるでしょうか。

これはかなり難しいことだと思います。自分の担当業務を自分の視点で見て断片的に話すことはできても、普段行なっている業務を俯瞰的に考える機会はあまりないので、全体像を鮮明にイメージできている人は意外と少ないのです。

しかし、全体像がつかめていなければ、業務のやり方を適切に改善しようにも、どこから手をつけていいかわからないはず。やみくもに手をつけると現場が混乱し、かえって非効率をまねくだけです。

また、経営層、管理職、一般社員では、担当する職域や責任によって意識しているプロセスが異なるので、同じ組織の中でもそれぞれ思い描くプロセス像も異なってきます。

そこで、業務全体を一つひとつのプロセスに因数分解して、わかりやすく1枚の紙にまとめたものが必要になるということです。

### ②仕事の棚卸が短期間でできる

「業務プロセス分析」というと、時間と手間のかかる大がかりなものを連想しがちです。実際、以前流行った大規模なBPR（Business Process Re-engineering）では、主に財務・会計などのITシステム構築の観点から業務の流れ（ビジネスプロセス）を最適化することを目指し、1～3年の年月をかけて既存業務の分析と抜本的な見直しを行なっていました（実態はグローバルスタンダードの名のもとに、システムに無理やり合わせるケースが多かったのですが）。

ところが、時間がかかりすぎ、業務分析がようやく終わった時には時代が変化しており、せっかくまとめた分析結果がすでに古くなって、もはや使いものにならなかった、という笑い話もありました。

これに対し、3次元プロセス分析法であれば、1業務あたり約3ヶ月という短期間でプロセスの標準化・見える化が可能です（3ヶ月も待てないほどスピードを求めている方は、「プロセスシート簡略版」ならば、1時間程度で作成することも可能です。本書巻末ページの読者限定特典でつくり方を紹介しています）。

### ③人財育成の基本の型ができる

スポーツと同じようにビジネスの世界でも、人財育成のためには基本の習得が大切です。3次元プロセス分析法では、業績向上や業務効率の改善につながる有効なプロセスを、担当者個人のものではなく、組織の標準プロセスとしてまとめます。

標準プロセスは、営業でいえば、「できる営業＝トップセールス」のやり方を整理した"営業の勝ちパターン"です。そのまま真似できるわかりやすい手本なので、組織で営業ノウハウの共有がしやすくなります。

また、「成果を出しやすいプロセス」が明確になるので、「やるべきこ

と」を漏れなく徹底するための**"人財育成の基本の型"**となるのです。マニュアル好き、ツール好きな若い世代にも受け入れられやすい**"営業のテキスト"**にもなります。

## ④仕事の共通言語になる

職場で業務の改善や課題解決の相談をする時に、「お互いの言葉の解釈やイメージすることが違うために、いつの間にか話がずれて、最終的な方向性が食い違ってしまう」。あるいは、「きちんと説明したつもりでも、受け手に正確に意図が伝わっていない」。そういった経験はありませんか?

立場や経験年数によって、問題のとらえ方や解釈の仕方が微妙に異なっているために、仕事を進める上では決定的にずれてしまう、ということが間々起こります。ビジネスの場では、こういった理解のギャップをなくし、意味の取り違えがないよう、指示や意図を正確に伝えるための**"共通言語"**が必要なのです。

標準プロセスは共通理解の基や課題共有の手段として、日々のコミュニケーションをスムーズにし、教育トレーニングを行ない、**組織の課題解決を図るための「共通言語(意識統一のための言葉)」**となります。

縦割り組織の弊害で、会議資料、研修、人事評価などでも言葉が統一されていないために、部門間の連携や意思疎通を妨げるケースもよく見られます。このような時も標準プロセスという共通言語があれば、「言葉とその意味の統一 → 資料の一貫性 → 理解の統一 → コンセンサスの一致」が、得られやすくなります。

## ⑤プロセス評価につながる

せっかくいいやり方を**"標準プロセス"**として整理しても、本気で実践しなければ何も変わりません。「プロセスを大切に」と言うだけでは、現場は動きません。その徹底を人事評価で支える必要があります。

「コンピテンシーモデル」という言葉があります。人事マネジメントで使われる言葉ですが、その定義は「ハイパフォーマーに求められる行

動特性をモデル化したもの」。営業的にわかりやすく言うと、「できる営業のノウハウ」のことです。

標準プロセスは、従来の数行程度の抽象的な文章によるコンピテンシーモデルを進化させ、「できる社員の行動パターン」や「役職ごとに果たすべき役割」を具体的にわかりやすく示していきます（詳しくは8章）。

### 💡 Consulting Insight
### 〜本質理解の大切さ〜

本書では、プロセスの見える化の「コンセプト説明」をしっかり行なっています。なぜならプロセス主義のコンセプトの本質が十分理解できていないと、プロジェクトがうまくいかない場合や、本来目指していたゴールからはずれてしまうことがあるからです。

スピードが求められる世の中、つい手っ取り早く成果を求めたくなりますが、「目先の効率主義」にならないよう、ご注意ください。

プロセス主義を本気で実践できるようになるには時間もかかります。それには全体像（コンセプト）を示しながら、メリハリをつけ、相手の視点に立ってわかりやすく説明することが求められます。

「腑に落ちる」という言い方をしますが、「経験 × 知識 × 問題意識」がそろってはじめて、これが進むべき道だと心の底から理解することができるものです。

人を新しい方向に導くのは、経験だけでなく、経験を裏づける筋の通った理論や、その人自身の生き方・思い・疑問・信念・探求心といった問題意識から成るものです。私がコンサルティングで新規事業強化などの新戦略推進を目的とする時は、必ず「本質を理解する」というプロセスを入れるようにおすすめしています。

一見飛ばしたくなりそうなプロセスですが、なぜ慣れ親しんだ従来のやり方ではなく、新しいやり方に挑戦するのかに腑落ちして本質さえ理解してくれれば、あとは自主的に動いてくれるようになります。

このプロセスを端折ると必ずどこかでしっぺ返しが待っています。「本質理解」が、結局はプロセス主義浸透の早道なのです。

# 03 見える化ツール

## ■「プロセスシート」と「標準プロセスの手引き」

　3次元プロセス分析法では、1枚のプロセスシートで見える化できるのが特徴だと言いましたが、プロセスシートを補足する二次元的な資料が「標準プロセスの手引き」です。

　「プロセスシート」（主役）と、プロセスシートにまとめた標準プロセスの詳細を明らかにする「標準プロセスの手引き」（補佐役）が、本書の営業プロセスの見える化に必要なツールです（以下、「見える化ツール」）。

　見える化ツールは、分厚ければよいというものではありません。使う側の視点に立ち、見る気にさせるツール、すなわち、「わかりやすい見せ方」という配慮も、プロセスの見える化と徹底のためには無視できない大切な工夫です。

　見える化ツールは、枚数にして10ページ程度の薄いものなので、カバンに入れて持ち歩けます（2つをセットにして持ち運びます。別名「標準プロセス資料」と呼ぶこともあります）。

　特に育成過程にある若手や中途入社社員には常に携帯してもらい、必要な時にいつでも取り出して、何度も見直し確認できるようにして活用します。また、中堅やベテランにも、やるべきことの漏れ防止のためのチェックリストとしてもおすすめです。紙で持ち歩かなくても、スマホやタブレットなどで、どこでも・気軽に・簡単に見ることができるのは現代のメリットです。

「業務プロセスに関する資料」というと、個々の業務のやり方を細かく規定した「マニュアル」を想像する人が多いと思います。

　もちろん、マニュアルも基礎教育や管理のためには必要ですが、こうしたものだけでは細かいところばかりに目がいって、全体像が見えません。

　「木を見て森を見ず」という言葉がありますが、枝葉の細かいプロセスをいくら改善しても、全体的な業務プロセスの改善にはつながりません。場合によっては、かえって現場の手間を増やしてしまうこともあります。全体が見える俯瞰図がなければ部分最適に陥りやすく、部分最適は必ずしも全体最適を意味しません。

　さらに現実的な問題としては、担当者が理想論的な視点から苦労して業務マニュアルをつくっても、「分厚いマニュアルは読んでもらえない」という残念な法則があります。

　枝葉1本1本を完璧に記した分厚いマニュアルをつくっても、デスクにしまい込まれて読んでもらえないのであれば、何もないのと同じです。

## ■「俯瞰図 → 共有すべきノウハウ → マニュアル」という階層

　1本ごとの木や枝葉である、細かい業務手順について記載したマニュアルを示す前に、まずは森全体、すなわち業務全体がわかる俯瞰図があった方がわかりやすいはずです。いや、俯瞰図がないのがそもそもの間違いであり、なければならないものと考えるべきです。

　そこで、3次元プロセス分析法では、「俯瞰図（プロセスシート）→ 共有すべきノウハウ（標準プロセスの手引き）→ 業務の詳細（マニュアル）」という3つの階層からとらえます。

　俯瞰図であるプロセスシートは、本章の冒頭で述べた、【進捗】【活動】【やるべきこと】の3つの軸をシートにしたものです。

## 図2-5 3次元プロセス分析法の3つの階層

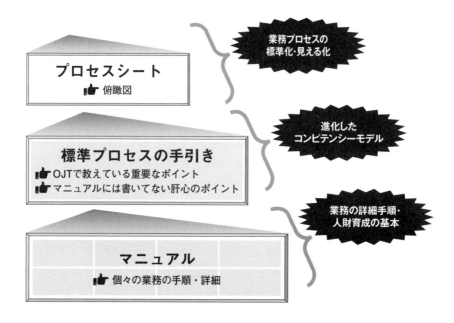

まず1番上のレベル〈俯瞰図〉に、業務プロセス全体を示す**プロセスシート**がきます。複雑な業務の内容を、1枚のシートでわかりやすくまとめるのが特徴です。

第2レベルである〈共有すべきノウハウ〉には、各プロセスで気をつけてもらいたいポイントの要旨をまとめた**標準プロセスの手引き**がきます。プロセスシートでまとめた標準プロセスの注意すべき点や補足説明をまとめたものです。

標準プロセスの手引きは、標準プロセスを実行する際に徹底してもらいたい注意点や、マニュアルには書いてない肝心なポイントを、長くなりすぎないよう数行程度で記載したものです。OJTで上司・先輩から部下・後輩に口頭で教えていることを、小冊子の形で明文化・形式知化します。

標準プロセスの手引きは、成果に結びつきやすい、できる営業のノウ

ハウを実践的な言葉でわかりやすくしたエッセンスの固まりです。標準プロセスの手引きの詳細は、4章で解説します。

　そして、最後に第3レベルに〈**業務の詳細**〉として、標準プロセスのさらに細かい業務手順などの、いわゆるマニュアルが位置します。

　基本的な事柄や個々の業務の詳細手順を記したマニュアルは、どの会社にもあるはずです。しかし、上位概念である全体の方向性を示すべき俯瞰図がないため、「部分最適の手順」的な位置づけに終わってしまっているマニュアルがほとんどではないでしょうか。

　マニュアルだけでは業績は改善できません。気づいている人は少ないのですが、本来はその上に見える化ツールをまず整備する必要があるのです。

## Column 書籍と「プロセスの見える化」

　本章の最後に、これまで説明した概念をよりわかりやすく理解していただくために、書籍に例えてみましょう。

　プロセスシートは、書籍の「目次」に該当します。目次は見出しの集まり。つまり、因数分解したプロセスの集まりです。

　目次が、「章」「項」「小見出し」と分けられて分類されているように、プロセスシートも、「進捗」「活動」「やるべきこと」に分けてわかりやすく見せます。

　業務全般をまとめた詳細マニュアルが本文に相当しますが、文章が長いと読んでもらえません。また、文章だけだと要旨がつかみづらいこともあります。内容が枝葉に入り、筆者が何を言いたいのか、わかりにくい時もあります。そこで、要旨のまとめなどもあった方がわかりやすいはずです。

　標準プロセスの手引きは、この「本文の要旨」に匹敵します。会社が伝えたいプロセスのポイントやエッセンスを簡潔にまとめてあるものです。

「プロセスの見える化」を書籍に例えると……

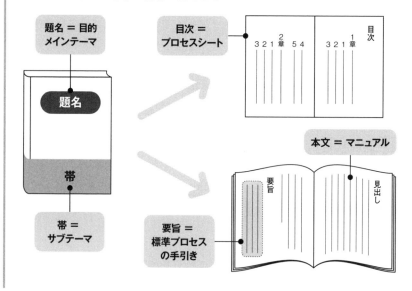

だいぶイメージしやすくなったと思いますが、何か肝心のものを忘れていませんか？　そうです。もっとも大切な本の題名（タイトル）が抜けています。

　題名は、筆者として何を訴えたいのか、読者にとってはその本を読むことにより何を解決できるのかをひと言で表わした大切なものです。

　題名は、プロセスシートの目的として決める“メインテーマ”がその役割を果たします。“メインテーマ＝目的”が、プロセス見える化の「題名」と「副題」になります。

　「帯」は題名・副題を補足し、読者の読みたいという意欲をそそるキャッチフレーズをアピールしている、なくてはならないわき役です。

　これは、プロセスシートで言えば“サブテーマ”に記載されるものです。目的をよりわかりやすく、営業担当者に具体的に訴える、補足説明的な役目を担います（メインテーマやサブテーマの話は、４章の「ステップ①目的を決める」で説明します）。

## ２章のまとめ

□ ３次元プロセス分析法とは、業務プロセスを
【進捗】【活動】【やるべきこと】の３つの軸で
とらえて標準プロセスを構築する手法。

- - - - - - - - - - - - - - - - - - - - - - - - - - - - -

□ ３次元プロセス分析法のメリットは次の５つ：
　①１枚のプロセスシートで業務を見える化できる
　②仕事の棚卸が短期間でできる
　③人財育成の基本の型ができる
　④仕事の共通言語にもなる
　⑤プロセス評価にもつなげられる

- - - - - - - - - - - - - - - - - - - - - - - - - - - - -

□ プロセスシート ＋ 標準プロセスの手引き ＝
"見える化ツール"。

- - - - - - - - - - - - - - - - - - - - - - - - - - - - -

□ プロセスシートが俯瞰図。標準プロセスの手引きが
共有すべきノウハウのまとめ。

- - - - - - - - - - - - - - - - - - - - - - - - - - - - -

# 3章

プロセス整理の事前準備
──「できる営業」を選ぶ

# 01 「できる営業」と「できない営業」の違いはどこにあるのか？

## ■「できる営業」の人選が大切

　本書では「できる営業」のやり方をプロセスで整理し、「営業の勝ちパターンを見える化するノウハウ」を紹介しています。ということは当然、「できる営業」とはどういう人のことを指すのかを明らかにしておく必要があります。

　「単に数字を上げるだけでよいのか？」「顧客視点や論理的思考も必要か？」「顧客や社内で好かれる性格も必要条件なのか？」。いくつかの疑問が浮かびます。

　「できる営業」とはどういうタイプのことを指すのか？　どう定義するのか？　まずは、「できる営業」と「できない営業」の違いを、具体的なプロセスで示しながら説明していきます。

## ■「できる営業」と「できない営業」をプロセスで比較する

　よく「できる営業」と「できない営業」という言い方をします。結果を出しているかどうかがひとつの目安であることは当然ですが、それ以外の違い、特にどのように行動パターンが違うのかは漠然としていてはっきりしません。

　そこでまず、その違いを具体的にプロセスで示してみることにしましょう。

次ページの図３－１を見てください。「できる営業」と「できない営業」の営業プロセスの違いをデータで示したものです。

　わかりやすく説明するために、３次元プロセス分析法の３つの軸【進捗】【活動】【やるべきこと】のうちの、【活動】の部分を抜き出しました。

　上が結果を出し続けている「できる営業」（Ａさん）で、下は自分なりにがんばってはいますが、成績が伸び悩んでいる「できない営業」（Ｂさん）。

　横軸には成果を出すために必要な営業活動プロセスを左から右に時系列順に並べ、縦軸は各プロセスにかけた時間。結果を棒グラフで表示しています。

　２人を比べてみると、できるＡさんは、「ヒアリング」（顧客の課題やニーズの確認）、「提案」（提案やプレゼンテーション）、「クロージング」（契約に向けた価格、納期等の条件交渉）に多くの時間を使っています。

　一方、できないＢさんは、「資料作成」（提案資料などの作成）や「アフターサービス」（クレーム対応なども含む）に多くの時間をかけていることがわかります。

　資料作成やアフターサービスも営業に必要なプロセスには違いないのですが、Ｂさんはそこに時間をかけすぎて、ヒアリングや提案、クロージングという、本来、営業成績を上げるために行なうべきである、より重要なプロセスが手薄になってしまっているわけです。

　この場合、上司がＢさんに、成績を上げるためにもっと力を入れるべきプロセスと効率的にこなすべきプロセスを、Ａさんのデータと比較対照して、一緒に見ながら指導する必要があります。こうしたプロセスの見える化によるコーチングを、日々のコミュニケーションを通して継続的に行なうことで、営業の底上げが確実に図れます。

## 図3-1 「できる営業」と「できない営業」のプロセスの違い

### できる営業 （Aさん）

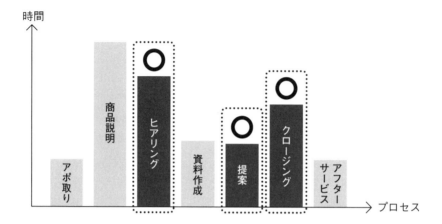

### できない営業 （Bさん）

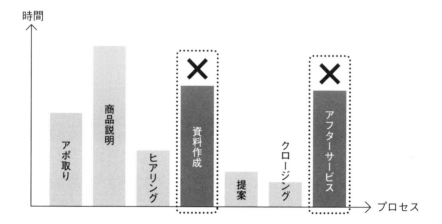

## ■「やるべきこと」と「人に任せること」

　AさんとBさんの行動の違い、つまり「できる営業」と「できない営業」のプロセスの比較から読み取れるのは、上司が「部下にやってもらいたい」と考えていることと、「部下の実際の行動」は、必ずしも一致しているわけではないということです。

　その原因は、上司と部下は問題意識や視点が違うため、ズレが生じやすいにもかかわらず、「重要なプロセス＝やるべきこと」がそもそも明確になっていないケースが多いからです。そして、「できる営業」と「できない営業」の差もここから生まれるということです。

　このズレを解消するためには、「やるべきこと」と「人に任せること」を明確にしなければならないのです。

　会社が標準プロセスを決めた後、さらに、**「やるべきこと」（集中すべきこと）と「人に任せること」（チームや組織による分業などの仕組みで効率的に行なうこと）**を明確にして指導していけば、営業担当者たちが迷ったり、各人の思い込みで無駄な仕事をしたりすることは少なくなるはずです。


　ここで、1章で定義した"プロセス"の定義をもう一度くり返しておきます。本書におけるプロセスとは、**「業績アップや業務効率改善のために必要だと会社が認めた"標準プロセス"」**のことです。

　各社員が自分勝手に「自分はがんばっている」と考えているだけで、会社が正式に認めていないプロセスは、標準プロセスとは見なしません。

　これまでは、ほとんどの会社が標準プロセスを定めず、社員の属人的なやり方に任せていました。結果に結びつくプロセスが明確にされていないため、社員も仕方なく自分なりに考え、よかれと思ってそれぞれ自分の仕事をしていたのです。

　そう考えると、自分勝手という表現は適当ではなく、しっかりとしたプロセス設計のない状況では、そうなるのもやむを得なかったと言え

ます。

　本書では、
・**標準プロセス**
　……業務アップや業務効率改善のために、会社や組織が整理、
　　　標準化したプロセス
・**やるべきこと**
　……会社が業績アップのために取組を推奨する標準プロセス
　　　＝ 評価される標準プロセス
・**人に任せること**
　……業務を進める上で必要だが、必ずしも本人がやる必要はなく、
　　　分業などの仕組みで効率化を図る標準プロセス
　　　＝ 評価されない標準プロセス
という意味で使っています。

　ここであらためて強調しておきたいのは、プロセスの中にも、役職や
立場に応じて「やるべきこと」に集中するために、人に任せた方がいい
ことがあり、それを明確にして**メリハリ**をつけて**業務を行なっていく必
要がある**、ということです。
　プロセスの一つひとつが重要であり、どれかが欠けても仕事はうまく
いきません。しかし、目指すべき仕事のやり方は、あくまでも成果を効
率的に上げることですから、そのためにより優先順位の高いプロセスを
定義し、明らかにした上で集中することが大切なのです。

# 02 | 「できる営業」の 5つの条件

　前項で「できる営業」の人選が大切だということを述べました。

　プロセスをまとめるためには、まず、**「あの人のプロセスなら」と誰もが納得する「できる営業」を選び、ヒアリングに協力してもらうことが大前提**になります。この人選を間違えると、よい標準プロセスは絶対につくれません。

　ヒアリングというと、「できるだけ多くの人の意見を平等に聞いた方がいいのではないか」というイメージがあるかもしれませんが、それは、よく陥りがちな罠（常識のウソ）なので注意してください。よくわかっていない多くの人の意見を聞きすぎると、手間と時間がかかるわりに内容的には凡庸なつまらないものになりがちなのです。

## ■「できる営業」をどう定義するか

　そこでまず、組織で共有する標準プロセスをまとめる際には、どういう人に協力してもらうべきか。ヒアリング対象者としての「できる営業」の適性を中心に定義します。

　そして、できる営業のユニークな特徴も、逆説的な比喩で紹介します。できる営業は尊敬に値する人が多いのは当然ですが、手の届かない特別な存在というわけではありません。ほめ言葉とは異なる人間くさい面からも見てみることで、身近な存在としてイメージしやすくなります。

最後に、プロセスの標準化という具体的なプロジェクトを通じて、「できる営業」の仕事の作法も明らかにします。表面的な特徴以外にも、何気ない仕事の所作の裏に垣間見える「準備・企画力」「理解・対応力」「信頼獲得力」などの仕事術まで観察の目を広げて見ます。

ではまず最初に、営業のノウハウや勝ちパターンを聞き出すために、ヒアリングに協力してもらう「できる営業の5つの条件」を定義していきましょう。もちろんこの定義は、プロセスの標準化という本書の目的以外の、一般的な「できる営業」のイメージとも相通ずるはずです。

### ①実績を継続的に残し続けている

実績をコンスタントに残し続けていることは絶対条件です。プロセスの標準化を行なった時に、「誰のプロセスを参考にしたか」は当然問われるところです。その時に**「あの人のプロセスであれば納得できる」**と**誰もが認めるトップセールス**であることが大前提です。

ただ、結果を出し続けている、できる営業は間違いなく多忙なので、協力を要請しても難色を示される場合もあります（特に理解のない上長に相談しなければならない場合）。

しかし、「実績は今ひとつだが、時間はあるので代役で」という**中途半端な人選は絶対にしないでください**。特に「何であの人なの？」と疑問視される対象者は絶対にNGです。「ヒアリングにいくら時間を費やしても、その人のもっている以上のものは引き出せない」ので、理解のない上長の非協力的な抵抗などには決して屈しないようにしてください。

本物の「できる営業」ではない「ニセモノ」に多い反応は、質問をすると「それはいろいろあります」で始まり、課題や要望は挙げるものの、具体的な解決案は出さずに、うやむやのまま抽象論だけで終わるというパターンです。ここが実は、本物かニセモノかを見極めるポイントのひとつでもあります。

ニセモノの話を聞いても参考になりそうなノウハウは聞けずじまい

で、結局は貴重な時間の無駄です。それなりの話はしてくれますが、ど
こかで聞いたような薄っぺらな話で終わりがち。自分が実質的なリーダ
ーとして実績を出したことのない人からは、共有に値するノウハウは聞
けません。なぜなら、営業の本質がわかっていないから話せないの
です。

　聞いていて思わずメモを取りたくなるような、おもしろい体験談や具
体論でない限り、他の社員に真似してもらう手本にはなりません。

　ニセモノをヒアリング対象者にしてしまうのは、社内的配慮の結果
や、悪平等的にヒアリング対象者を増やす際に陥りやすいパターンなの
で、くれぐれも注意してください。

## ②科学的な営業マネジメントを実践している

　できる営業は、科学的な営業マネジメントにも興味があり、自分なり
に実践しています。会社や組織が用意してくれなくても、自分なりに工
夫したマネジメント手法やツールを必ず使っているものです。

　その中に、大切なプロセスの要素やノウハウが含まれているので、ヒ
アリングの際は必ずこういったツールや管理帳票類を持参してもらいま
しょう。また、本もよく読んで勉強しているので、好みの営業理論やマ
ネジメント論の話で花が咲くこともしばしばです。

　こぼれ話ですが、**科学的なマネジメントができるという資質**は、今の
時代は出世にも有利なようです。

　私がコンサルティングでおつき合いさせてもらった頃は、平取締役、
執行役員、部長クラスだった人が、その後、経営のトップクラスに上り
詰めた例が多いのは、ちょっと誇らしく感じる事実です。

　志のある企業のトップ人事は、その会社の本音を表わしています。

　逆に、精神論や根性論、人柄で管理している人は、できる営業として
のヒアリングには不向きです。

　例えば、「背中で見せる」「親分肌」「オーラがある」といった従来の

日本的管理の延長線上にある精神的なリーダータイプは、人間的には慕われていても、科学的な営業マネジメントという見地からは不適格です。

　その他、数字で詰めるやり方が正しいと信じ込んでいる「結果がすべて教の信仰者」、自分では具体案を示さず精神論や抽象論ばかりの「丸投げ上司」、数字が足りないと叱責して数字をつくらせる「鬼軍曹」……。現実に職場によくいる人たちですが、すべてプロセスの見える化とは相反する時代遅れの管理法にすがっているにすぎません。

### ③自分でプロセスが描ける

　意外に思うかもしれませんが、長年やっていても、自分の担当業務の全体像を具体的なプロセスとして描ける人と、そうでない人ははっきり分かれます。

　試しに本書巻末の読者限定特典「プロセスシート簡易版の作成に挑戦」を参考にしながら、候補者に担当業務全体のプロセスシートを描いてもらってみてください。

　見栄えのいい資料を作成するのが目的ではないので、手書きでＡ４の白紙やホワイトボードに描いてもらう程度でかまいません。普段から業務プロセスについて問題意識をもち、全体像をイメージしているかどうか、描ける人とそうでない人の差がはっきり出るはずです。

　プロセスの見える化のためには、**具体的な課題をわかりやすく示し、自分で解決策を考え、かつ、自らリーダーとして組織を巻き込みながら実践できる人**が求められます。そのためには、プロジェクトオーナーとして全体を見る視点が必須。メンバーを導くための羅針盤とも言うべきプロセス図が描けるかどうかは、その試金石となるのです。


　この項の主旨からははずれますが、部長以上の昇格試験として、対象業務の俯瞰図を描けるかどうかを、抽象的なマネジメント論文の代わりに試してみるのも一案です。業務全体が俯瞰できているかどうか、一目瞭然なのでおすすめです。

## ④現状を打破できる（イノベーションを起こせる）

固定概念や古いやり方にとらわれず、**独自の新しいコンセプトやカイゼン法を模索、実践、変革していくことのできる**創造能力の高い人、というのも条件のひとつです。イノベータータイプと言った方がわかりやすいでしょうか。

会社や組織には、誰もが何となくおかしいと感じながらも、それが常態化しているため、放置されていることが多くあります。そのような一見ささいな疑問も見逃さず、濁りのない視点で改善していくのが、プロセス主義の基本精神です。

社内にはびこっている常識を疑い、本質に目を向け、常にカイゼンやイノベーションの可能性を求めて試行錯誤している姿勢が、「できる営業」の共通点です。従来のやり方を何も考えずに踏襲するのではなく、よりよいやり方を常に模索しながら、イノベーションを自然に起こすことのできるタイプとも言えます。営業面だけでなく、現状打破は人事評価においてもキーワードとなっていて、評価の改善に関心の高い人々からも嘱望されているタイプです。

逆に、保守的な現状維持派が向かないことは言うまでもないでしょう。変化のスピードが速い現代の経営では、現状維持は「何もしないこと＝後退」を意味します。

組織で働く限り、人・モノ・金のすべてのリソースが整った理想的な環境下で働けることは多くはありません。様々な制約条件の中でも、できない理由を並べ立てるのではなく、どうやればできるか、**創意工夫しながら解決策を見つける**前向きな発想が「できる営業」には必須です。

## ⑤組織を動かせる

新しいことを始めようとすると、組織においては必ず反対する人が出てくるものです。例えば、プロセスの見える化の必要性が理解できない人が多いことも、科学的な営業マネジメントを推進しようとする人が直面するハードルのひとつです。

問題意識がない人に、面と向かって正論を言っても馬の耳に念仏。本質が理解できない相手にとっては、面倒な仕事が増えるくらいの感覚かもしれません。ひどい場合は、まことしやかな悪口や噂をからめながら、裏で否定意見を流布することもあるのでやっかいです。

　**大きな組織を動かすためには、関係者にきちんと説明し、協力者になってもらうための、いい意味での社内政治も必要**です。社内政治力を発揮するためには、いくら結果の数字を上げていても、いつも正論だけを掲げ、相手を見下したり衝突したりしやすい人は、組織を動かせないので基本的にはNGです。

---

### Column 「フロネティックリーダー」に必要な能力

　ここでは、学術的な面からも少し補足しておきましょう。

　知識創造理論で有名な野中郁次郎一橋大学名誉教授は、ギリシャ語のフロネシス（Phronesis ／賢慮＝実践の場において、賢明で健全な判断を下せる能力のこと）という能力概念に注目し、フロネシスを備えたリーダーをフロネティックリーダー（賢慮型リーダー）と呼んでいます。

　そして「フロネティックリーダーに必要な能力」として、①善悪の判断基準をもつ能力　②場をタイムリーに創発する能力　③本質を洞察する能力　④本質を表現する能力　⑤本質を共通善に向かって実現する政治力　⑥賢慮を育成する能力　という６つの能力を示しています。

　この中で本項目の「組織を動かせる」に関連してくるのが、⑤本質を共通善に向かって実現する政治力で、組織を動かすためには、マキァヴェリ的な政治力も必要だと看破しています。

　「プロセスの見える化という善の目的の実現に向かって取り組むのは当然であるが、組織の中には様々な立場や考え方の人間がいる。組織内の抵抗勢力に足を救われないよう、きれいごとばかりでなく、時に清濁合わせ飲むようなマキアヴェリズム的な政治的プロセスを、本意でなくとも踏まなければならないこともある。

　あるいは、人間の弱い面やダークサイドの部分も理解した上で、抵抗勢力からの動きを制し、説得工作を図る能力も、社内変革的なプロジェ

クト推進のためには求められるのが現実である」

　このような指摘です。
　なぜなら、これだけイノベーションの必要性が叫ばれていながら、多くの企業が成功しているとは言えない現実があるからです。
　その困難さを示すパターンとして、初期の成功後も内部からの抵抗があり、既存事業を維持しようとする担当役員レベルからの反対が、イノベーションを失敗させる現実例もあります。
　社内変革を進める立場に立った営業リーダーが、必ずや直面するリアルな問題であり、心に念じておかなければならない社内力学的な示唆です。

※参考文献『美徳の経営』野中郁次郎・紺野登（NTT出版）、
『流れを経営する』野中郁次郎・遠山亮子・平田透（東洋経済新報社）

## ■ 逆説的な「できる営業」の特徴

　「できる営業」について、きちんとした定義は必須ですが、数多くのできる営業と話した経験を通じて感じる「逆説的とも言えるユニークなできる営業の特徴」も印象的なものです。参考までに紹介しましょう。

### ・断定的な言い方が多い

　できる営業には、よくも悪くも「断定的な言い方をする」という特徴があります。実績と経験に裏づけされた自信の裏返しとも言えるでしょう。凡人がいろいろ考えすぎて迷うような質問に対しても、本質をとらえズバッと言い切ってくれます。
　反面、時代の先を行くエッジの立った意見も混じるので、凡人には論理的飛躍と感じられ、理解されにくいこともあります。
　しかし、従来のやり方に疑問を投げかけ、その解決方向を示すテーゼとしては、ハッとする見解を示してくれた方がまとめやすいので、参考にしやすいものです。

プロセスをまとめる側からすれば、非常にわかりやすく、ノウハウも浮かび上がってきます。時に誇張気味な表現になることもありますが、「標準プロセス」をまとめた資料を読む側にとっても、メリハリのある書き方がしてあった方がわかりやすくなります。

## ・自慢話が多い

自慢話というと誤解されてしまうのですが、実際は、できる営業が「いかにも」という感じで自慢話をすることは多くはありません。謙虚な人がほとんどです。

しかし、第三者からすると、自慢話に聞こえるような内容が多く、こちらも深掘りしていくうちに対象者もかなり乗ってきて、普段あまり話さない核心に触れる話まで教えてくれます。

それが、冷静で客観的な第三者からすると、自慢話に聞こえるかもしれない、という一種の比喩だと解釈してください。できる営業のノウハウなので、ある意味、自慢話になるくらいでないとネタにならないと言った方がわかりやすいかもしれません。

逆に謙虚すぎる人は、日本人的な美徳としては称えられるかもしれませんが、プロセスの見える化にはまったく役に立ちません。

## ・話がおもしろい

できる営業全員が、お笑い芸人のように話上手という意味ではありません。しかし、できる営業が実践している本質的なノウハウの話が聞けた時には、本当に参考になる素晴らしい情報を得ることができたという、ある種、すがすがしい気持ちになります。

真の叡智を得た時の喜びに例えればいいでしょうか。標準化を行なうためのヒアリングにはそれなりの時間を要しますが、時間がたつのを忘れるほどです。

できる営業の話を聞くことは、成功の裏にある真実を知ることであり、そのたびごとに新しい知見を得たり、プロセス主義が間違っていないことを再確認できる非常に貴重な時間です。他では聞けない実話や具

体例、ユーモアにあふれた比喩を使ったストーリーで、思わずメモを取りたくなる話が多く、時間がたつのが早くワクワクします。

　一方、ニセモノの話はあまりおもしろくありません。どこかで聞いたような教科書的な抽象論が多く、心を打たないのです。

　質問の角度を変えたり、他社の事例を交えたり、工夫して質問の仕方を変え、聞きたい方向に話をもっていこうとしても、知りたい肝心のポイントを聞き出すことは結局できずじまい。会話も広がらず、共有するほどの内容ではないので不完全燃焼で終わります。


## ・組織の言いなりではない

　科学的マネジメントに取り組む前提的な資質として、自分なりの思いや哲学をもっている人が多いようです。理論的なよりどころや糧とするために、よく本を読んで勉強しているのも共通点です。

　こちらから聞くとはなしに、話の流れで自分がマネジメントを行なう際に影響を受けたり、参考にしている本を挙げ、自分の考えの基になっている経験や思い、哲学を教えてくれます。

　会社や組織の基本方針に忠実に働きながらも、言われたことだけでなく、それ以上のレベルの達成を目指す姿勢が見て取れるのも特徴のひとつです。

　普段の仕事を通して得られる知識や、自分の経験だけでは不十分で、成長し続けなければ、ビジネスの最前線から取り残されてしまうことを実感していないと取れない行動です。

　組織の言いなりではなく、自発的によりよいやり方を探して情報収集や自己研鑽に努める。この主体的な課題解決思考が、「できる営業」と「できない営業」を分ける大きな資質の違いとも言えます。

　他人と同じことを考え、同じ行動をしていては、大きな差はつかないのは自明です。


## ・部下に振るのがうまい

　できる営業は超多忙なので、ヒアリングに対応する時間を捻出するだ

けでも大変なのですが、それ以外にも準備や内容確認など、関連する作業も必要になります。では、どうやって対応しているのでしょうか?

　できる営業は、実務的な能力もある人が多いのですが、あえて自分で手を動かす作業はせず、その分の仕事をうまく部下に振り分けているケースが多いようです。

　もちろん自分の組織やチームに実務が得意な人間もいなければならないのですが、その重要性を普段から認識し、意識的に育成し重用している結果、時間を捻出できるということであり、チームメンバーの強みを活かすマネジメント能力の一端を示すものでもあります。

## Consulting Insight
## ～できる営業がいない場合のプロセスのつくり方～

　コンサルティングを行なう際に、ちょっと困る質問をされることがあります。その質問とは「うちの会社には、できる営業と呼べるような適任者がいないのですが、どうすればよいのでしょうか?」というもの。

　例えば、それまでは取引先が決まっていたので、新規営業のやり方がわからない。グループ間取引中心で、接待やゴルフのお付き合いはやっていたが、本当の意味での営業を行なう必要がなかった、などの場合です。

　確かに、発展途上の会社や新しい営業にトライする段階では、これからやり方を模索していかなければならないので、できる営業の条件にぴったり当てはまる人財がいなくても不思議はありません。

　では、実際にできる営業がいない場合はどうすればよいのか。

　このような場合は、まずは60点レベルでよいので、他社事例などを参考にこれが正しいだろうという、できる営業の仮説をつくる。そして、試行錯誤しながら、成功・失敗体験のフィードバックや共有を行ない、仮説を継続的によりよいものにカイゼンしていくというやり方をとります。その際に役立つのが、本書の「営業プロセス見える化シート」というわけです。

# 03 「できる営業」の仕事術

　「できる営業」の定義は前項の通りですが、普段の営業活動において
どのような行動をしているか、についても見てみましょう。

　ごく当たり前の内容ですが、この程度の当たり前のことができない人
が圧倒的に多いのも事実です。

　できる営業にヒアリングすると、「当たり前のことを、当たり前にや
っているだけ」というコメントが一番多いことを1章でも書きました
が、これがその具体例です。

## ・ヒアリングの事前準備ができている

　簡単に言うと、「準備がきちんとできている」（準備・段取り力）とい
うことです。

　例えば、ヒアリングの前に、普段の営業マネジメントで使用している
管理帳票や、プロセス分析の参考になりそうな資料の準備をお願いする
のですが、超多忙のはずなのに、部下や協力者に協力してもらいきちん
と準備してくれます。

　ニセモノは何も準備してこないどころか、目的すら理解しておらず、
「なぜこの人が選ばれたのか」とがっかりすることもあります。

## ・聞いた質問に対してきちんと応える

　「相手の求めるものを正確に理解し、それ以上の期待に応えることが
できる対応力」（理解力・対応力）があるということを表わしています。

　営業担当ですから、顧客が真に求めるものを理解し、それに応えるの
は当然です。それを上回り、顧客自身も意識していない潜在ニーズに気

づかせ、さらに上のレベルの提案をするのが「できる営業」と言えます。

プロセスの標準化は、「ノウハウの形式知化を図る」というレベルの高い作業なので、多少間違っていたり、独善性があってもかまわないのですが、できる営業は、キチッと要求に応えてくれます。

ニセモノの場合は、こちらの意図することに応えられず、あたりさわりのない教科書的抽象論に落ち着きやすいのは先にも述べた通りです。

・お願いしたことに応える

その場で言いっ放しではなく、「約束したことをきちんと実行する、信頼獲得のための基礎力」（信頼獲得力）があるということです。

よく、「お客様の前では調子よくしゃべり、依頼されたことも安請け合いするが、その後はなしのつぶて。打合せ後のフォローがまったくダメ」という営業担当を見かけます。

打合せの際の対応は悪くなく、なまじ期待を抱かせるので、その分、裏切られた感が強くなり、かえって信頼を失いやすく逆効果、といったタイプです。

約束したことは約束した期日までにちゃんとやる。誰でもわかる当然の理屈ですが、なぜか口だけで実行が伴わない、口先営業マンが多いのも現実です。

・メールの返事が早い

メールに限りませんが、「何事に対しても反応が速い」（スピード）のも仕事ができる人に共通する特徴です。

ヒアリングの後の追加質問などにも、メールでもきちんと対応してくれます。今の時代、「スピードは遅いが正確で仕事ができる」というほめ言葉は聞いたことがありません。

できる営業はキーマンとのつき合いが多いものですが、キーマンは多忙な人が多いので、相手の好みに合わせて面談・電話・メールを必要に応じて使い分けながら、自分のところでは事案を止めない、いい習慣づ

けを行なっています。

「スピーディでタイムリーなコミュニケーション」が、信頼というポイントを稼ぐ地味ながら着実な方法であり、ビジネスチャンス獲得に向けたプロセスを進め、差別化を図る原動力になります。

### ・確認もきちんとしてくれる

プロセスの標準化の作業では、できる営業のコメントをまとめて資料化し、当人に内容確認をお願いするのですが、忙しくてもきちんと約束通りに確認してくれる点も共通しています。

普段の業務では、本来の営業の仕事はもちろんのこと、部下に指示したことが間違いなく実施されているかの確認や、膨大な量の事務作業に対応しているはずです。

それに加えて資料の内容確認をさっとこなしてくれるのは、「実務処理能力」の高さを表わしていると言えばわかりやすいでしょうか。

取引先の役員と「できる営業とできない営業の違い」について話をしていると、できない営業の行動を揶揄する比喩として、「一事が万事」ということわざが引き合いに出されることがあります。

誰でも、役員や上司の前では気を使ってそつなく行動し、同僚や他部署の人間など、あまり気を使う必要のない人の時には手を抜くこともあるのではないかと思うのですが、「できない営業」は、そういうことすら、できないようです。

「本人はうまく立ち回っているつもりかもしれないが、一事が万事。何気ない細かい行動にその人間の本性が現われ、同じことをくり返す。

役員である自分に対してすらできないということは、お客様に対しても……本性とは隠せないものだ」と嘆きながら漏らすのです。

プロセスの標準化は、組織における知的資産の活用というとても大切な仕事ですが、その作業中に見せる何気ない行動に、その人の本質がわかりやすく現われているのです。

## 3章のまとめ

□ プロセスの定義：
　業績アップや業務効率改善のために必要だと
　会社が認めた「標準プロセス」のこと。

- - - - - - - - - - - - - - - - - - - - - - - - -

□ 「やるべきこと」と「人に任せること」の
　メリハリをつける：
　・やるべきこと……会社が業績アップのために
　　取組を推奨する標準プロセス
　・人に任せること……本人がやる必要はない
　　仕組みで効率化を図る標準プロセス

- - - - - - - - - - - - - - - - - - - - - - - - -

□ できる営業の定義：
　①実績を継続的に出し続けている
　②科学的な営業マネジメントができる
　③自分でプロセスが描ける
　④現状を打破できる（イノベーションを起こせる）
　⑤組織を動かせる

- - - - - - - - - - - - - - - - - - - - - - - - -

# 4章

## プロセスをまとめる
## 4つのステップ

——「標準プロセス」をつくる

# 01 | プロセスをまとめる手順

## ■ 標準プロセスをつくるための4つのステップ

　それでは、3次元プロセス分析法を使って具体的にどうやってプロセスを整理し、標準化するのか。プロセスをまとめる4つのステップを順を追って紹介していきましょう。

　4つのステップを図にすると、右ページ図4-1のようになります（3章で説明した「できる営業を選ぶ」をステップ⓪としています）。

　読者が自分でもプロセスの整理ができるように、できるだけわかりやすく一つひとつのステップについて説明していきます。

　本書のやり方では、まず「1枚の見える化シート」に整理していくので、その具体的なサンプル・お手本として、「提案型営業」のプロセスシートのサンプルシート（以下、「**サンプルシート**」）を用意しました（図4-2）。巻頭付録の営業プロセス"見える化"シートとあわせて、見やすい方を参照しながら本文を読み進めてください。

　この**サンプルシート**は、主にIT企業のプロセスをベースに、中堅から大企業の提案型営業のエッセンスをまとめたものです。100社以上のコンサルティングを通じて積み上げてきたノウハウをシンプルに整理したものなので、自社の営業プロセスを見つめ直す際の参考になるはずです。

　このサンプルシートを参考にしながら、自社の営業用にアレンジしたり、応用して独自の見える化シートをつくることができます。自身の頭の中で漠然としているイメージを、具体的に紙の上に表現する（形式知

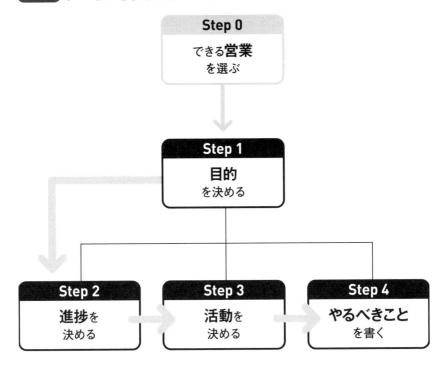

**図4-1** プロセスをまとめる４つのステップ

**Step 0**
できる**営業**
を選ぶ

**Step 1**
**目的**
を決める

**Step 2**
**進捗**を
決める

**Step 3**
**活動**を
決める

**Step 4**
**やるべきこと**
を書く

化する）きっかけやヒントにもなると思います。

　プロセスが異なる部分やビジネス用語の違いは当然あると思います
が、自社の仕事の進め方とあまり変わらない、ほぼ同じだと感じるとこ
ろもあるのではないでしょうか。

　自分の営業組織のプロセスがうまく整理できない時には、とりあえず
そのまま真似してもらってもかまいません。提案型営業に本格的に取り
組むことが決まった時、まだしっかりした自社のプロセスがなかったの
で、このサンプルシートをプロセス構築のためのスタート用としてその
まま活用された会社もあるほどです。普段は直接コンサルティングを行
なうお客様にしか渡していない社外秘扱いの資料ですので、必ずや読者
のお役に立つのではないかと思います。

　では、ステップ①から見ていきましょう。

図4-2 プロセスシートのサンプル

## メインテーマ（目的）

### ヒアリング能力強化
決裁者のニーズを正確に把握し組織的な提案を行なう

［業務
**提案型**
（IT企業

**進捗**

| 潜在（X） | → | ニーズあり（E） | → | 検討中（D） | → | コンペ |

**活動（社外）**

| 新規顧客開拓 | ▶ | 事前準備〜概要説明 | ▶ | ヒアリング | ▶ | 提案作成 | ▶ | 担当者向け提案・プレゼン | ▶ | 決裁者向け提案・プレゼン |

**やるべきこと** 徹底・強調したいチェック事項・ポイント・ノウハウ

**新規顧客開拓**
- 営業強化戦略・戦術
※新規営業強化の方針を明確化
- パートナー戦略
- 問合せ対応
- DM送付
- セミナー対応強化：
  ①企画
  ②準備
  ③フォロー
- 見込み客や案件を増やす仕組みづくり
※まずは量を増やす

**事前準備〜概要説明**
- アポ調整
- 事前準備
※事前準備から営業はスタートしている
- 概要説明
  ①モノ売りではなく課題を聴く
  ②言葉を合わせる
  ③ルールは基本だが柔軟に
- 相談対応
  ①相談が最初のサイン
  ②メモでポイントをはずさない

**ヒアリング**
- 課題の把握
- 予算の確認（B）
  ①あり　②なし
- 人脈情報（A）
  ①決裁者
  ②旗振り役
  ③反対派
  ④情報提供者
  ⑤担当者
- ニーズの確認（N）
  ①あり　②なし
- タイムフレーム（T）
  ①プロジェクト開始
  ②導入・納品時期
  ③予算の時期など
- 提案のポイント確認

**提案作成**
- 提案のポイントやイメージの確認
- 類似提案の有無
- 社内協力者との打合せ
- 提案作成スケジュール確認と修正、レビュー
- 概算見積
- スケジュール案
- 上司確認

**担当者向け提案・プレゼン**
- 事前準備：
  ①客先担当者の要望
  ②出席人数
  ③デモ・プレゼン環境
  ④準備資料
  ⑤上司同行の必要性
  ⑥パートナー・社内同行者確認
  ⑦その他注意点

**決裁者向け提案・プレゼン**
- 決裁者が求めるポイントの確認
- 事前準備：
  ①客先担当者の要望
  ②出席人数
  ③デモ・プレゼン環境
  ④準備資料
  ⑤同行してもらう上司との相談と確認
  ⑥パートナー・社内同行者確認
  ⑦その他注意点

**活動（社内）**順不同

**人財育成**
- 人財育成の基本
- 見える化ツール
- OJT　・研修
- プロセス評価

**基本スキル・自己啓発**
- 関係構築の基本
- 信頼されるビジネスマナー

**マーケティング（セミナー等）**
- ①問い合わせ
  ②紹介
  ③広告
  ④セミナー・展示会
  ⑤マーケ施策
  （メルマガ、DM等）

**パートナー対応**
- 組織的関係づくり
- 代理店ランク
- ランク別戦略・施策
- 代理店別プラン

**提案・見積等資料作成**
- 提案　・見積
- 客先要望資料
- マーケット調査
- 情報提供資料

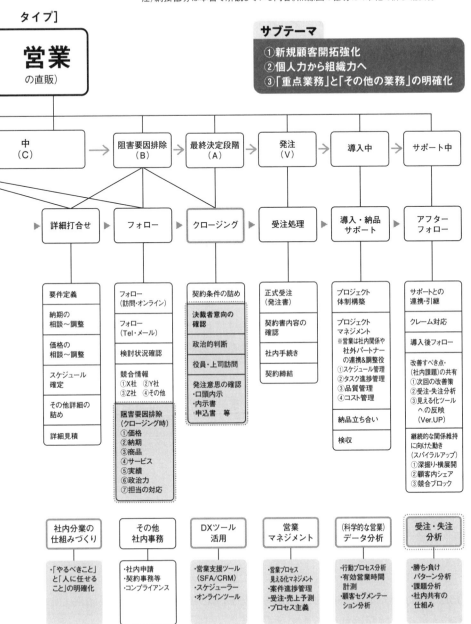

# 02 | ステップ①
## 【目的】を決める

**（1）目的を明確にする**

　ステップ⓪「できる営業を選ぶ」については3章で詳しく解説しましたので、早速、ステップ①に入りましょう。

　プロセスの整理を行なう前に、〈何のためにプロセスを標準化するのか〉目的を明確にします。理由は、目的によってプロセスのまとめ方が変わってくるからです。深掘りして強調するプロセスも違ってきます。

　例えば、「業績アップのために提案力を強化する」という目的であれば、「ヒアリング」や「提案・プレゼン」のプロセスが強調されます。

　業績をアップするという視点からはあまりおすすめできないのが、「不祥事を起こさないように内部統制を強化する」というような管理的な目的です。現場の事務作業の負荷が増えるため、成果を出す妨げになってしまうからです。

　管理的な目的を設定してしまうと、事務作業や書類の回し方といった、社内作業的な部分が強調されてしまいます。その結果、「業績をよくしろ」とはっぱをかけながら、成果には結びつかない社内業務を奨励することになってしまいます。これでは本末転倒です。

　また、目的を明確にしておかないと現場が混乱してしまいます。プロセスを整理する意図が正しく伝わらないと、現場は進んで協力してくれません。

　プロセスをまとめ始めると、その先にある細かいところまで気づくようになるため、本来の目的から脱線して枝葉の論議に陥りやすくなることにも気をつけなければなりません。

目的が大切といっても、最初はあまりピンとこないかもしれませんが、適切な目的の設定が、プロセスの標準化・見える化が成功するか否かの鍵を握ります。

　**目的が最終ゴールに迷わずに到達するための道標**なのです。


## （2）目的は多くしない

　**目的はあまり多くしすぎてはいけません。理想は１つ、多くても２〜３つです。**

　大規模な業務改革プロジェクトなどで、課題をリスト化して10〜20も挙げているケースもありますが、一度に多くの課題を並行して解決しようとしても決してうまくいきません。忙しい現場の社員が現実的に集中できるのは１つ。譲って２〜３つが限度です。

　現場はやることが山積みしているので、あれもこれもと欲張っても結局はあぶはち取らずに終わるのが関の山です。まずは目的を絞って１つの課題解決に集中して、成功事例をつくること。

　一見遠回りに見えるかもしれませんが、実はこれが近道なのです。一度成功体験を積めば、コツがわかり自信もつくので、それ以降の課題解決は最初よりスムーズにいきます。


　くり返しますが、ポイントは、いくつもの課題を同時に解決しようとするのではなく、一つひとつの課題解決に集中すること。その方が結果的には効率的でスピーディにプロセスの整理が進みます。

　プロセスが標準化・見える化されると課題もよく見えてくるので、あれもこれもと欲張りがちですが、優先順位をつけて整理することです。よく陥りやすい落とし穴のひとつなので注意してください。


## （3）メインテーマとサブテーマを決める

　**目的はメインテーマとサブテーマの２つに分けて考えます。**こうすると、シンプルなメインテーマを、具体的にサブテーマで補うことができ、よりわかりやすくなります。

まずは、メインテーマです。**プロセスをまとめる目的を具体的にひと言で伝えるキャッチーなテーマを決めます。**

　図4－2または巻頭付録の**サンプルシート**を見てください。左上のボックスの中にある『**ヒアリング能力強化**』がメインテーマです。これだけでは抽象的で解釈の幅が広すぎる感じがするので、さらにヒアリング能力強化の中で特に強調したい点をわかりやすく補います。

　ここでは〈**決裁者のニーズを正確に把握し組織的な提案を行なう**〉とします。


　次にサブテーマを考えます。メインテーマの具体的なイメージを高めるために、**現場にわかりやすく、かつ、課題解決の方向性を簡潔に表わした、訴えかけやすい言葉を使う**のがコツです。

　メインテーマを営業担当にわかりやすく噛み砕き、読む気にさせるキャッチフレーズも、よいスパイスになります。

　プロセスシートでいえば、右上の少し小さめのボックスにあるものです。

①**新規顧客開拓強化**

②**個人力から組織力へ**

③**「重点業務」と「その他の業務」の明確化**

　と箇条書きで、本質をとらえた表現で示すことです。


## ■ 目的を設定するためのヒント

　ここでの内容は、できれば自分の属する組織と比べたり、当てはめたりして、具体的なシーンを想定しながら読んでもらうと理解しやすいと思います。時間に余裕があれば、実際に自分の会社や組織の課題に照らし合わせて目的を考えてみてください。

　すでに課題が顕在化しており明確になっているのであれば、その解決が目的になります。この場合は、特に苦労なく目的を簡単に設定できま

すが、普通はそう簡単ではありません。課題や目的が必ずしも明確になっていないケースも多いので、その場合は、以下に挙げる3つの手がかりを参考にしてみてください。

### ・手がかり① 自分が問題視している課題の解決を目的にする

　自分が普段から問題意識をもち、何とかよくしたいと考えている課題がすぐ浮かぶ場合は、個人的な考えでかまわないので、その解決を目的にしてください。

　その課題が所属している組織の中で、少ないメンバー間であっても共感・共有されているものであれば、より望ましいでしょう。

　しかし、組織の課題はメンバーで協力して解決するものなので、あまり独りよがりの課題設定にならないようにしてください。普段から他の人の意見にもよく耳を傾け、客観的な視点で課題をとらえようとする姿勢も大切です。

### ・手がかり② 中長期経営計画や有価証券報告書を見てみる

　中長期経営計画や有価証券報告書には、経営層が解決したいと考えている課題が記載されているので参考になります。

　通常であれば、3〜5項目にまとめられた大命題が各事業部や本部から各部へ、そして課へと組織に沿った形でブレークダウンされ、事業計画書などの形で具体化していることも多いはずです。

　自分の会社のホームページを覗いて、中長期経営計画や有価証券報告書がアップされていたら目を通してみてください。

　「中長期経営計画」であれば数字目標の記載があり、具体的な達成のための戦術や方向性が記載されているでしょう。経営陣が解決したい、強化したいテーマを見つけ、それに沿った形で自分の属する組織の課題を具体的にします。

　「有価証券報告書」はたくさんページ数がありますが、そのものずばりの【対処すべき課題】という項目があるので、該当する1〜2ページに目を通すだけで経営層が課題と考えていることがわかります。

余談ですが、【対処すべき課題】が抽象的な表現にとどまり、あまり具体的な内容が記載されていない場合は要注意です。経営陣の課題意識が明確でないということは、とりあえずスペースを埋めるために担当者が適当に作文したお題目にすぎない可能性が高いからです。課題解決に真剣に取り組もうとしていないとも取れます。

今すぐにというほどの差し迫った課題はないのかもしれませんが、課題のない会社など存在しないはずなので、将来的には不安があるかもしれません。気がついたら、環境の変化を察知できなかった"ゆでガエル"に……ということのないように、注意信号のひとつとしてとらえておくことも必要かもしれません。


・手がかり③　営業の課題トップ20を参考にする

中長期経営計画や有価証券報告書を見てもピンとくる課題が記載されていない場合は、よくある営業の課題を挙げておきますので参考にしてください。

図4-3は弊社セミナーのアンケート結果を集計した「営業の課題ランキング20」です。1章で紹介した営業の課題トップ10に、その次のランク11〜20位を加えたものです。

大概の場合は、この中に自社と似たような課題があるはずです。また、これらの課題から連想して自社固有の課題に気づくことができるかもしれません。

## 図4-3 営業の課題トップ20

> □に自社の課題を
> チェックしてみてください。

| 順位 | 課題 | チェック |
|:---:|:---|:---:|
| 1 | 新規顧客開拓を強化したい | □ |
| 2 | 属人化している営業ノウハウの共有 | □ |
| 3 | テレワークによる営業管理（時々の流行りのテーマ） | □ |
| 4 | 営業効率化・生産性向上 | □ |
| 5 | 分業やチーム営業による組織力強化・負荷軽減 | □ |
| 6 | 結果を出すためのプロセスの標準化 | □ |
| 7 | 営業力強化（マネージャー・営業員の底上げ） | □ |
| 8 | 営業の実態や案件の進捗が見えない | □ |
| 9 | 人財育成の基本の型がない | □ |
| 10 | 営業のDX化（SFA／CRMの活用活性化・入替） | □ |
| 11 | 人事評価にプロセスも反映させたい | □ |
| 12 | 本来注力すべき業務に使える時間が少ない | □ |
| 13 | 精神論・根性論から科学的営業への転換 | □ |
| 14 | 部門間の連携強化・情報共有 | □ |
| 15 | 顧客のセグメンテーションによる効率化 | □ |
| 16 | 勝ちパターン・負けパターンの分析 | □ |
| 17 | 営業の働き方改革（残業の削減） | □ |
| 18 | 営業報告の見直し（電子化・簡略化・有効活用） | □ |
| 19 | 既存客との関係維持・強化 | □ |
| 20 | グループ外取引拡大（真の営業力強化） | □ |

# 03 ステップ②【進捗】を決める

## ■ 進捗には2種類ある

次に【進捗】を考えます。進捗は、

①顧客が商品やサービス購入を検討する際の検討状況の進捗、あるいは、②受注など、自社のゴールを達成するための進捗です。

進捗は時系列的に左から右に進みます。

進捗自体はあまり複雑に考える必要はありません。図4－2のサンプルシートのようにシンプルなものでかまいません。

新鮮さはあまり感じられないかもしれませんが、**プロセスをまとめる上での大切な時間軸**となります。

進捗がないと、【活動】【やるべきこと】が頭の中でごっちゃになり、まとめにくくなります。

また進捗という時間軸が、目標達成の進行状況を測るための中間指標やKPI（＝Key Performance Indicator）などのプロセス指標を設定する際の判断尺度のひとつにもなります。

サンプルシートでいうと、①**顧客の進捗**としては、「潜在 → ニーズあり → 検討中 → コンペ中 → 阻害要因排除 → 最終決定段階 → 発注 → 導入中 → サポート中」と進みます。

また、②**自社の進捗**としては、（ ）内に「（X）→（E）→（D）→（C）→（B）→（A）→（V）」といった自社の案件進捗管理のランク分け（案件の進捗管理）をアルファベットで表わす表記で補う形にして

います。

　顧客視点を大切にする会社では、①顧客の検討進捗と②自社の案件の進捗管理の両方を詳しく併記する場合もあります。

　顧客視点の大切さはよく指摘されますが、スローガンとして掲げるだけで真剣に実践しているところはまだまだ少数派です。「顧客満足より目先の数字」。これが残念ながら、変えがたい今のビジネスの現実なのです。

　自社視点だけでなく、顧客視点を意識しながらプロセスを進めていく、という意味においては、両方の進捗を見ることが理想的です。しかし慣れないうちは、考え方をシンプルにするために、どちらか一方に絞って進捗を設定する方がまとめやすいと思います。

# 04 ステップ③ 【活動】を決める

## ■ 社外活動と社内活動に分ける

　3番目は【活動】です。【活動】は社外と社内の2つに分けるのがコツです。

　【活動】（社外）は進捗を進めるために、顧客に対して行なう活動を意味します。また、組織で働くには社内でやらなければならない活動も当然あるので、【活動】（社内）も定義します。

　成果を上げるためには顧客接点、すなわち【活動】（社外）をできるだけ増やさなければなりません。そこで社外の活動にできるだけ多くの時間を割いてもらいたいので、優先順位を自然に意識してもらうために、サンプルシートのように【活動】（社外）を意図的に上にもってきています。

　提案型営業の場合、【活動】（社外）で注目・強化すべきは、『**新規顧客開拓**』『**ヒアリング**』『**提案・プレゼン**』『**クロージング**』などの活動になります。

　『新規顧客開拓』は営業の課題トップ20（図4−3）でも1位にランクされていますが、従来の既存顧客との取引だけに頼るやり方では限界にきており、これまで比較的手薄であった『新規顧客開拓』に真剣に取り組もうとする傾向が強まっています。

　そして、**何よりも大切なのは『ヒアリング』**です。提案営業でもっとも大切なプロセスを1つだけ挙げろと問われたら、私でしたら迷いなく

『ヒアリング』を挙げます。

　顧客の課題やニーズを傾聴しないまま、自社の都合や独りよがりな思い込みで提案を行なっても顧客の心には響かず、結果につながりません。

　『提案・プレゼン』は担当者向けと決裁者向けの２つに分けるのがポイントです。担当者向けの提案・プレゼンだけでは不十分な場合があり、決裁者が求めるものは何かを確認した上で、そのポイントに訴求する提案・プレゼンを行なうことが受注の鍵となります。

　このあたりについては、次の【やるべきこと】でさらに詳しく解説します。

# 05 | ステップ④ 【やるべきこと】を 明確にする

　最後に【やるべきこと】を明確にします。

　やるべきことは【進捗】や【活動】に応じて、上司や担当者が気をつけなければならないチェック事項、ポイントやノウハウです。

　図4−2のサンプルシートのように、それぞれの活動（社外）にぶら下げる形で徹底・強調したいポイントを表わすキーワードを、四角い箱の中に記載します。

　紙面に限りがあるため、すべての活動について解説することはできませんが、どこの会社でも重要なプロセスである、太い枠線で示した6つの活動、　新規顧客開拓 　 ヒアリング 　 決裁者向け提案・プレゼン 　　クロージング 　 人財育成 　 受注・失注分析 　を取り上げてみたいと思います。

## ■【活動】（社外）を明確にする

　まずは【活動】（社外）からです。

　新規顧客開拓

　【活動】（社外）である『新規顧客開拓』の下には、【やるべきこと】として「営業強化戦略・戦術」「パートナー戦略」「問合せ対応」「DM送付」「セミナー対応」という項目をぶら下げます。

補足解説

### 「営業強化戦略・戦術」

　新規顧客開拓だけに留まりませんが、どうやって新規開拓を強化するのかの営業強化戦略や戦術がまず先に来るべきです。しかし実際は、ここが明確になっていない会社が実に多い。戦略がはっきりしないので、各担当は自分の思い込みで動くしかなく、組織的な強さにつながりにくいのです。

　「戦術の失敗は戦闘で補うことはできず、戦略の失敗は戦術で補うことはできない」という言葉もありますが、「結果の数字だけを詰める＝有効な営業戦略・戦術の欠如」が、業績が伸びない真因となっているケースが多いのです。

### 「パートナー戦略」

・直接販売と間接販売（代理店販売）の両方を行なっているのであれば、どちらのウエートを重視するのか。

・間接販売も強化するのであれば、パートナー戦略はどうするのか。

　パートナーは競合他社の商品やサービスも販売しています。パートナーにとって何か特別なメリットがなければ、他社と同じ扱いしかしてくれません。

　実は、パートナーの中では、競合製品を含めた各社ごとのシェアが決まっていて、その時の環境を見ながら前年度比の多くて２〜３％、少なければコンマ以下のレベルでしかシェアを変化させないのが普通です。

　営業個人の努力より、**会社対会社の関係でパートナーの売上や利益アップにつながる総合的な提案**をしなければ、「前年度比〇％」というような不毛な話に終始するだけで、抜本的な業績アップは永久に期待できません。

### 「セミナー対応：①企画　②準備　③フォロー」

　セミナーによって潜在顧客数増を目指すのであれば、企画・準備はもとより、**セミナー実施後のフォロー**が重要のはずです。しかし、実際は

セミナーを行なうことが目的になってしまい、その後のフォロールールや体制がしっかりしていないケースが多いのです。

　これでは、せっかく集客して集めた顧客データが有効に活用されずに、フォローも遅くなって不十分な結果しかもたらしません。

## ヒアリング

　『ヒアリング』の下には、【やるべきこと】として「課題の把握」「予算の確認（B）」「人脈情報（A）」「ニーズの確認（N）」「タイムフレーム（T）」「提案のポイント確認」を置きます。

## 補足解説

　提案型営業で最も重要な活動は何かご存じですか？　答えは『ヒアリング』です。そのヒアリングで意外と見落とされがちなのが「人脈情報」です。特に、真の決裁者が誰かわかっていて、なおかつ、その人物と良好な関係が築けているかどうかが重要です。

　しかし、通常の営業担当、特に若い人にとって年配の決裁者（取締役から部長クラス）と関係を築くのはそう簡単なことではありません。気をつけなければならないのは、決裁者の意見を直接確認しないまま、担当者だけとのやり取りに懸命になることです。

　担当者の要望に応えようとすること自体は悪いことではありませんが、担当者の言うことだけを頭から鵜呑みにするのは危険です。担当者はこちらのシンパでも、決裁者は実は競合との関係が深く、案件はすでにそちらに決まっていたということはありがちです。

　そのようなことにならないためには、上司は決裁者情報を確認し、担当者だけでは難しい場合は、**上司自らも決裁者との関係構築を図り、抜かりなく対処**しなければなりません。

　「人脈情報（Authority）」以外にも、「予算（Budget）」、「ニーズ（Needs）」、「タイムフレーム（Time-Frame）」の確認がヒアリングにお

いて重要なチェック事項になります。

この４つの頭文字を取って、野球のバントにひっかけて"BANTルール"と言います。


少し脇道にそれますが、BANTルールについて少し補足しておきます。

多くの会社で案件のランク管理を行なっていますが、そのほとんどは営業担当の主観によって、A／B／C／Dなどのランク分けを行なっているだけのものです。

上司は「鈴木君のＡランクは信用できるが、山田君のＡランクはちょっと信用できないのでＢランクに下げておこう」というように、各担当の性格を加味しながら修正を行ないます。このように基準があいまいなので、同じＡランクがつけられていても、担当によって精度が異なるため調整が必要になり、余計な時間を取られることになります。

本来は、案件ランクや受注確度は、担当の個人的な判断ではなく、共通のルールによって客観的に判断しなければなりません。そこで、

「Ｂ＝予算があるのか」

「Ａ＝決裁者の確認は取れているのか」

「Ｎ＝そもそも自社の提案に対してニーズがあるのか」

「Ｔ＝導入や予算の時期などのタイムフレームがわかっているのか」

の４つを基準とするのです。

例えば、「Ｂ・Ａ・Ｎ・ＴのすべてがOKであればＡランク」というようなルールを決めておくと、ブレが少なくなるのでおすすめです。


### 決裁者向け提案・プレゼン

『ヒアリング』の「人脈情報」とも関連してきますが、『**決裁者向け提案・プレゼン**』に臨む前に、必ずチェックしなければならないのは「**決裁者が求めるポイントの確認**」です。

また、細かいことですが、プレゼン環境などの基本事項の「**事前確**

認」も忘れがちなので、漏れのないように徹底させたいところです。

## 補足解説
### 「決裁者が求めるポイントの確認」

　提案・プレゼンが重要なことは言うまでもありません。しかし、ここで注目してもらいたいのは、提案・プレゼンを"担当者向け"と"決裁者向け"の2つの活動にわざわざ分けている点です。

　担当者向けの提案・プレゼンも大切です。しかし、担当者向けだけで満足せず、決裁者向けに同じ内容の提案・プレゼンを行なうことがもっと重要になるのです。これができれば、受注の確率はぐっと高まります。

　担当者だけでは、その内容が決裁者に正しく報告される保証はありません。また、決裁者が求めるポイントと担当者が重要と考えるポイントがずれている場合も往々にしてあります。

　**決裁者が求めるポイントを事前に確認した上で、それに沿った提案を行なう**のが、受注確率を上げる勝利の方程式です。


### 「事前準備」

　また、事前準備も怠ってはなりません。提案・プレゼンをミスなく行なうためには当たり前のことですが、忘れがちなので、以下のような確認を、提案・プレゼンの前日までに行なうことを習慣づけることが大切です。

　特に若い営業担当は、提案・プレゼンの当日、訪問前にあわてて準備をするパターンが多いので漏れが多くなります。事前準備は、前日までに余裕をもって終えておくよう、事前準備事項をリスト化してチェックさせ、体で覚えさせるというテクニックもあります。

　事前準備事項は、以下のようなものです。
①客先担当者の要望（決裁者向けに強調してもらいたいポイント）
②出席人数　③デモ・プレゼン環境　④準備資料　⑤同行してもらう上司との相談と確認　⑥パートナー・社内同行者確認　⑦その他注意点

## クロージング

　『クロージング』では、「契約条件の詰め」を行なうのは当然ですが、**「決裁者意向の確認」「政治的判断」**にも十分気をつけたいところです。

　『フォロー』のところで確認した「競合情報」と「阻害要因」をもとに、担当だけに任せきりにせず、必要に応じ**「役員・上司訪問」**を行ない、受注を確実にする必要があります。

### 補足解説

　営業である限り、「価格/数量/納期/仕様」などの契約条件の最終的な詰めは必須です。

　その際に、大幅値引きの要求や将来的な商売拡大、継続注文の可能性を視野に入れた**「政治的判断」**が必要な場合もあります。政策的な条件を提示する場合、**「決裁者意向の確認」**を行なった上で、社内の責任者と相談する必要があります。

　組織的な判断なので、担当者だけでなく、上司や必要に応じ役員クラスも協力しながら**「役員・上司訪問」**を行ない、案件受注に抜かりがないよう確実にします。

　クロージングでは当たり前のことのはずですが、実際はこういった最後の詰めが甘く、競合に逆転を許すケースも少なくありません。

　また、しっかりクロージングに持ち込むためには、**「阻害要因」**は何なのかを『フォロー』を行ないながら正確に把握した上で、「競合」の強み・弱みに合わせて抜かりなく対処しなければなりません。

　阻害要因はいろいろあるように感じるかもしれませんが、大別すると次の7つにまとめられます。

　①価格　②納期　③商品力　④サービス　⑤実績　⑥政治力　⑦担当の対応です。

　たいがい担当は、①価格や③商品力のせいにしたがりますが、実際は

⑦の担当の対応に不満があるケースも少なくありません。この点については、担当が素直に報告してくることはあまり期待できないので、事実（主観による根拠のない憶測ではない、正確な情報）に基づく上司の冷静な判断が求められます。


## ■【活動】（社内）を明確にする

次に【活動】（社内）の内容を見てみましょう。

成果を上げるための社外の活動＝【活動】（社外）だけに専念できれば幸せかもしれませんが、組織の中で働く限り、社内の活動＝【活動】（社内）にも、効率化を図りながら適切に対応する必要があります。その中でも『人財育成』と『受注・失注分析』にスポットを当てます。


### 人財育成

成果主義の導入後、人財育成がおろそかになったという課題を抱えている会社が少なくありません。そこでマネージャーに対しては、人財育成に積極的に取り組むことを推奨するため、人事評価項目の大切な要素として「部下の育成」を入れるところが増えてきています。

見える化ツールを人財育成の基本の型として常に意識しながら、日々のコミュニケーションやコーチングを行ない、営業リーダー自らも行動し部下に手本を示しながら徹底を図らなければなりません。

業績の継続改善を支える人財育成は大きなテーマなので、あらためて6章でページを割いて説明します。


### 受注・失注分析

受注に成功した場合は会議などでほめたり、その内容を共有したりすることもありますが、失注した場合はどうでしょうか。叱責するか、かわいそうなのであえて何もせずに、うやむやのうちに闇に葬り去るのが

ほとんどではないでしょうか。

　しかし、失注案件も貴重なノウハウの蓄積です。いや、**失注案件にこそ、受注精度改善のための大切なヒントが隠れている**のです。

　失注についてみんなの前で担当を責め立てて恐怖感を与えても、本質的な解決にはつながりません。むしろ逆効果です。部下は失敗を隠すことに戦々恐々とし、同様のミスが見えないところでくり返されます。

　同じ轍を踏まないよう組織内で共有し、人財育成にも活かす方が断然、得策です。自社の強みと弱みは何か、『受注・失注分析』を通して把握し、効率的な勝ちパターンの確立を目指すことです。同じような過ちをくり返さないことを徹底することにより、受注確率が上がり、営業生産性も向上します。


　『受注・失注分析』の大切さはみな頭ではわかっているはずですが、ほとんどの組織では忙しさを理由に手つかずになっています。

　プロセス改善の先行組では、「受注・失注」という貴重な情報の共有を推奨するために、新たな人事評価項目として『受注・失注分析』を取り入れるところも出てきています。

　面倒くさいと感じるかもしれませんが、逆転の発想をしてみてください。自分が面倒くさいと思うことは、競合も同様のはず。ということは、差別化を図りやすいということです。

　「やるべきことはやる」という信念をもつ経営者や営業リーダーのもとで、業界の勝ち組が着実に取り組んでいるおすすめのノウハウが『受注・失注分析』です。

# 06 「標準プロセスの手引き」 に共有すべき ノウハウをまとめる

　以上、【やるべきこと】の具体的なイメージを説明してきました。すでにお気づきかもしれませんが、実はこれまで説明してきたような標準プロセスのポイント＝「やるべきこと」の詳細を簡潔にまとめる作業も必要になります。

　3次元プロセス分析法では、棚卸したことを現場の業務で実践しやすくするために、プロセスシートの一段下の階層に、サブツールとして**「標準プロセスの手引き」**（以下、「手引き」）を作成します。

　この手引きは、2章でも説明したように、プロセスシートにまとめた標準プロセスの内容を詳細に書いたものです。また、できる営業が普段意識しながら行なっている行動パターンを形式知化した、**できる営業のノウハウの固まりであり、勝ちパターンの詳細**とも言えます。

## ■「標準プロセスの手引き」のまとめ方

　では、手引きのまとめ方について、注意点を詳しく解説しましょう。

　実際の業務を進める上では、やるべきことは無数にありますが、手引きではあくまでも徹底・強調したい注意点、部下が間違えやすいポイント、できる営業が気をつけているノウハウに絞ることです。上司がいつも口を酸っぱくしてくり返し言っても、なかなか実践できないポイントを強調します。

　文章が長すぎると読む気がなくなり、眠くなるだけなので、**重要なポイントに絞って数行程度にまとめる**のがコツです。わかりきっていることは書く必要はありません。いや、あえて書かないでください。誰でも

読みたくなるようなエッセンスに絞り、あとは割り切って切り捨てましょう。メリハリをつけることで、共有すべきポイントが際立ちます。

**できる営業は当然のこととしてやっているが、普通の社員は気づいていないキラリと光るポイント**、読む人がハッとするノウハウにスポットを当てて書き出すことが、手引きを活用し、標準プロセスを徹底してもらうスパイスになります。

　手引きは、「活動」「チェック項目」「詳細項目・補足」「ポイント（徹底・強調したいチェック事項、ポイント・ノウハウ）」の４つのブロックに分けて、簡潔で見やすくわかりやすいようにまとめます。

　なお、前項「ステップ④【やるべきこと】を明確にする」で記した補足解説が、破線で囲った部分です。実際の記入例を入れて、補足解説で解説した内容をさらに実践的なものに仕上げています。

　では、サンプルを見てみましょう（本書では、スペースの都合上、「詳細項目・補足」の欄は省略してあります）。

## Consulting Insight
## 〜プロセス項目を増やしすぎると失敗する〜

　プロセス項目は増やしすぎてはいけません。プロセスを整理し始めると、真面目な人ほど完璧を目指し項目を増やしたがります。特に管理系の人は、項目が多い方が管理しやすいと考えるようです。現場の声を無視して、あれもこれもと入れたがります。

　しかし、過ぎたるは及ばざるが如し。項目が多すぎると焦点がぼやけてしまい、営業は入力の負荷ばかり増え、本来の目的を見失ってしまいます。

　ある建築外装会社のコンサルティングを行なった時の話です。この会社は東証２部への上場を目指していました。上場のために経営の透明性を示すため、プロセスの見える化を行ないたい。これが本来の目的でした。

プロセスを整理する中で、様々な問題が見えてきたのはいいのですが、上場の審査基準を意識しすぎて、プロセス項目、特に内部統制がらみの管理項目を増やしてしまいました。目的が不祥事を起こさないための営業監視にすり替わってしまったのです。

　「そんなに増やすと失敗しますよ」と止めたのですが、営業担当の専務は聞く耳を貸さず、箴言を聞いてくれません。

　上場に合わせてSFAツールも導入しようとしていたのですが、報告させる管理項目を20以上も設定してしまったため、入力の負荷が上がってしまいました。

　結局３ヶ月のテスト期間を経て、入力で疲弊する営業がかわいそうになり、専務は上場に向けた変革の手を緩めてしまいました。結果は、SFAツールと連動するプロセスマネジメントの実践も骨抜きに。

　せっかくいいところまで行っても、現場が大変そうだからと信念を曲げ、営業リーダーがいい人のふりをして、中途半端な進め方をすると、組織は元のぬるま湯体質や目先の結果主義にすぐ逆戻りしてしまいます。この会社はいまだに上場を果たせていません。

## 新規顧客開拓

| 活動 | チェック項目 | ポイント |
|---|---|---|
| 新規顧客開拓 | 営業強化戦略・戦術 | ・既存顧客に頼るだけでは売上はよくて横ばい、徐々に落ちてじり貧に陥る危険性大。今後は新規顧客開拓を強化する。<br>現在既存：新規＝8：2の比率を5年後に5：5に切り替える。<br>・商品・サービスのターゲット客を会社規模別、業種別、地域別にターゲットリストを作成し、優先順位やアプローチ方法などの営業戦略を練る。<br>・ターゲットリストは受注・失注分析の際も活用する。 |
| | パートナー戦略 | ・これまでは直販重視の方針でやってきたが、さらなるシェア拡大のために間接販売も強化する。<br>・パートナー視点で考えれば、パートナーは競合他社の商品やサービスも売らなければならないため、自社のメリットがない限り同等の扱いしかしてくれない。<br>・実はパートナーの中では各社ごとのシェアが決まっていて、2～3％、少なければコンマ以下のレベルでしかシェアは変化しない。<br>営業個人の力より、会社対会社の関係でパートナーの売上・利益アップにつながる総合提案をしなければ、「前年度比○％」というような細かい話に終始するだけで抜本的な業績アップは永久に期待できない。 |
| | 問合せ対応 | ・電話、Web問合せに対する対応は、原則、問合せを受けた当日内、遅くとも24時間以内に遅滞なく連絡。<br>・Web問合せの場合、上司が速やかに担当を選定、スムーズな対応を促す。<br>・問合せ内容により適当な資料を選定、実際の送付作業はアシスタントに依頼し効率を高める。 |
| | DM送付 | ・まず、すでにDMを送っていないかをDMリストで検索確認後、DM送付先を選定し販促セットとともに郵送。<br>・DMリストへの記入も忘れずに。会社名は後の検索をしやすくするため、正式名称を正確に打ち込む。<br>・DMフローに従い、到着するタイミング（発送後3日程度）にフォローーTELを入れる。 |
| | セミナー対応<br><br>①企画<br>②準備<br>③フォロー | ・セミナー企画や準備の中心はマーケティング部（"マーケ"）。<br>営業は自身が担当する顧客やパートナーに声がけし集客を助ける。<br>・普段の営業でアンテナにかかっている顧客要望、情報や攻めてみたい業界・業種の要望をマーケに伝える。<br>・セミナーはアフターフォローがポイント。セミナー参加者リストをもとに各担当に割り振り、訪問の優先順位を定めた上で遅滞なくフォロー。<br>・参加者の役職が部長以上の場合は、上司同行を義務づける。 |

まずは『新規顧客開拓』からです。「営業強化戦略・戦術」「パートナー戦略」「セミナー対応」については、83～84ページの補足解説で詳しく解説しました。

　その際に言及しなかった「問合せ対応」については、Web問合せに対するスピーディな対応や、アシスタントの協力による請求資料送付の効率化がポイントとして挙げられます。

　「DM送付」については、同じ顧客先に同じ販促資料を何回も送らないようにする仕組みづくりが、顧客満足度を逆に下げない配慮から大切です。顧客コンタクトの履歴データがDMリストでしっかり管理できていないと、すでに送付済みの客先にまた同じ資料を送って、ひんしゅくを買ってしまいます。

　そして、DM送付後の適切なタイミングでフォローを徹底することです。DMは送りっぱなしでは、レスポンス率は圧倒的に低いものですが、適切なフォローというひと手間を加えることにより、案件化する確率を上げることが可能になります。

　ちなみに、新規顧客開拓の入口（案件発掘ルート）は、大きく分けて①紹介　②問合せ　③DM　④セミナーの４つがあります（飛び込みという古典的な手法もありますが、法人向けの提案営業の場合、アポなし訪問は顧客に迷惑がられるだけで今や非常識なので除きます）。

　業界や扱う商品・サービスによって変わってきますが、この４つをうまく組み合わせながら新規顧客開拓から案件数増につなげていきます。

## ヒアリング

| 活動 | チェック項目 | ポイント |
|---|---|---|
| ヒアリング | 課題の把握 | ・自社製品の一方的な説明ではなく、相手が望んでいるものは何かを"傾聴する"ことが最も重要。<br>・とはいえ、課題をいきなり聞いても信頼関係がなければ悩みは打ち明けてくれないので、相手のタイプや空気を見極めながら、商品概要説明の中でさりげなく悩みや課題を聞き出す質問を入れる。<br>・課題を顧客自身が明確に把握していないケースもある。<br>課題はパターン化できているので、必要に応じヒアリングシートの課題項目を見せながら、相手の気づきや解決策に向けリードする。<br>・ヒアリング漏れがないように、ヒアリングシート持参を忘れずに。 |
| | 予算の確認<br>（B）<br><br>①あり<br>②なし | ・本年度の予算がすでに確保されているか確認。<br>・予算がない場合は、予算化のプロセスをさりげなく自然な会話の中で確認すること。<br>・予算の締め、絞り込み、取締役会での承認、予算執行時期をできるだけ詳しくチェック。 |
| | 人脈情報<br>（A）<br><br>①決裁者<br>②旗振り役<br>③反対派<br>④情報提供者<br>⑤担当者 | ・担当者との関係づくりは基本だが、実質的な権限をもっている決裁者が誰であり、その人物が何を求めているかの確認が最も重要。<br>・旗振り役が決裁者を兼ねている場合がベスト。<br>・そのための関係づくりは担当に任せきりにせず、上司自らの責任で、必要に応じ当社の経営陣も巻き込みながら対応する。<br>・反対派は誰でどういう理由で反対しているのかを、情報提供者に協力してもらい、抜かりなく入手、対処策を施す。 |
| | ニーズの<br>確認（N）<br><br>①あり<br>②なし | ・そもそも提案する商品やサービスに対してニーズや興味、検討の可能性があるのか確認。「②なし」の場合は無駄な努力はしない。 |
| | タイムフレーム<br>（T）<br><br>①プロジェクト開始<br>②導入・納品<br>③予算時期 | ・ニーズがあっても、プロジェクト開始、導入・納品予定時期、予算時期などタイムフレームが合わない場合は、次回のコンタクトタイミングを客先に確認。<br>必要がない限り、約束したタイミングまでは無駄なコンタクトは行なわない。商談本格化の時まで辛抱して待つ。 |
| | 提案の<br>ポイント確認 | ・顧客が真に求めるニーズや課題を正確に聞き出し確認する。可能であれば、このタイミングでも決裁者や旗振り役の意向も確認。担当者のコメントだけをうのみにせず、必ず本人の生の声を聴く工夫を怠らないこと。<br>・上司も担当に任せきりにせず、必ず自身で決裁者／旗振り役に面談し確認。 |

続いて、『ヒアリング』です。

　84〜85ページの補足解説では、「予算の確認（Ｂ）」「人脈情報（Ａ）」「ニーズの確認（Ｎ）」「タイムフレーム（Ｔ）」に絞って、BANTルールによる案件ランクと受注確度判断の客観性を改善することについて述べました。

　それ以外の**「課題の把握」「提案のポイント確認」**も、提案型営業の基本としてきちんとチェックしなければなりません。

　「できない営業」は相手の望むことを知ろうともせず、自社製品の売り込みに躍起になりがちですが、これではいつまでたってもうまくいきません。相手の話を傾聴し、いい関係を構築しながら、課題をさりげなく聴き出さなくてはならないのです。課題の正確な把握なくして、受注はあり得ません。

　そして、課題が聴き出せたら、「提案のポイント確認」をします。担当者だけでなく、必ず**決裁者が求めるポイントも確認する**ことが勝負の分かれ目になります。

## 決裁者向け提案・プレゼン

| 活動 | チェック項目 | ポイント |
|------|-------------|---------|
| 決裁者向け提案・プレゼン | 決裁者が求めるポイントの確認 | ・若い担当者が陥りやすいワナとして、客先の担当者の言葉や情報のみを信じて案件の読みや提案を行なうことがある。<br>・必ず、決裁者（実質的な決裁者の確認も必須）や旗振り役の意向を確認。担当者の間接的なコメントをうのみにせず、本人の生の声を聴く機会をもつこと。検討段階の担当者レベル向けの提案・プレゼンに加え、決裁者向けの提案・プレゼンを合わせて行なうことが受注確率を上げる鍵。<br>・担当に任せきりにせず、上司も必ず自身で決裁者/旗振り役に面談し確認。 |
| | 事前準備 | ・事前準備項目は以下の7つ：<br>①客先担当者の要望　②出席人数　③デモ・プレゼン環境　④準備資料<br>⑤同行してもらう上司との相談と確認　⑥パートナー・社内同行者確認<br>⑦その他注意点<br>・決裁者の要望に加え、担当者からの細かい要望もきちんと確認しておくこと。<br>・同行してもらう上司やパートナーの役割を事前に相談しておく。<br>・必要資料は、出席人数を確認の上、アシスタントに協力してもらいながら提案の前日夕刻までに用意しておくこと。プリンターの故障などがあるため、提案直前にあわてて印刷を行なわないこと。<br>・プロジェクターの準備依頼、Wi-Fi など IT 環境の事前確認も怠らない。<br>・提案・プレゼン開始予定時刻の遅くとも15分前までに開場入りし、事前準備を行なう。 |

『決裁者向け提案・プレゼン』の活動で怠ってはならないチェック事項は、「決裁者が求めるポイントの確認」と「事前確認」でした。

86ページの補足解説では詳述していない細かい確認ポイントも、サンプルの中ではメモしてありますので、部下の備忘録用として活用してください。

## クロージング

| 活動 | チェック項目 | ポイント |
|---|---|---|
| クロージング | 契約条件の詰め | ・金額、納期、カスタマイズ要件等その他条件の詰めを行なう。細かい質問や要求が出てくるのは、真剣に検討してくれているサインなので、丁寧、柔軟、スピーディに対応する。 |
| | 決裁者意向の確認 | ・決裁者が求めるポイントは1〜2点に限られている。漠然としているケースも多いが、それが何であるかを五感を使って総合的にイメージし、具体的にどう解決するのかを簡潔に、ズレないように、わかりやすくい提案できるかが鍵。 |
| | 政治的判断の有無 | ・競合とのきわどい比較になっている時は、阻害要因を正確に確認の上、必要に応じ政治的判断と対応を行なう。上司〜役員クラスを巻き込み相談を行なう。 |
| | 役員・上司訪問 | ・担当に任せきりにせず、客先の決裁者/旗振り役に直接お願いにあがる。<br>・最終段階で形勢不利になってからアポを取ろうとしても、目的がミエミエで相手もなかなか会ってくれないケースが多いので、案件の立ち上がりの時期から自然な形でトップ同士の関係をつくっておくようにする。 |
| | 口頭内示 | ・阻害要因を排除し、受注へのプロセスを踏んだ上で、自然に口頭内示をもらうのが理想的。 |
| | 内示書受領 | ・口頭内示だけでは何が起こるかわからないので、導入作業開始前までに必ず内示書を取得すること。内示書の段階では担当部署の部長印でOK。<br>・社内フォームが望ましいが、客先によっては自社の内示書フォームがある会社もあるので、その場合はひな形をもらい、内容確認の上、対応する。 |

『クロージング』の補足解説（87ページ）では、「契約条件の詰め」を組織的に行なうために、「決裁者意向の確認」「政治的判断」「役員・上司訪問」について強調しました。

もちろんその後も、正式受注に至るまで油断はできません。会社によって異なりますが、一般的には**「口頭内示」「内示書受領」**をへて、最終的な**「受注処理」**に至る場合が多いはずです。

昨今はコンプライアンスの問題から、受注に関わる社内手続きを見直し、厳しくチェックしようという動きもありますが、それ以前の案件進捗の見える化が組織的にできていれば、大きな間違いは起こらないはずです。

## 人財育成

| 活動 | チェック項目 | ポイント |
|---|---|---|
| 人財育成 | 見える化ツール活用 | ・プロセスシート、標準プロセスの手引きを参照して行動。<br>・今後は日報報告、社内会議、人事評価などでの共通言語とするので、その内容を自身でも反復して覚え、意識して使うようにすること。 |
| | 受注・失注分析 | ・自社の強みと弱みは何か、受注・失注分析を通して把握し、効率的な勝ちパターンの確立を目指す。<br>・失注案件も貴重なノウハウの蓄積。担当を不必要に責め立てたりせず、同じ轍を踏まぬよう組織内で共有、人財育成にも活かす。<br>・成功事例は客先の同意を得て、販促ツールとしてのマーケ用資料化を行なう。 |
| | 日報による活動確認 | ・上司は、原則として報告を受けた翌日12時までに直属の部下の日報を確認の上、承認、アドバイス、詳細確認など案件進捗の共有とコミュニケーションを取ることを通し、人財育成を行なう。<br>・人財育成のために人事評価にも反映されるので、不自然な入力がないかなど上司が責任をもって見る。 |

【活動】（社内）に移って『人財育成』です。

　補足解説のくり返しになりますが、標準プロセスをわかりやすくまとめた**見える化ツールを人財育成の基本の型として活用する**ことにより営業の底上げをし、継続的な業績改善ができる、筋肉質の組織をつくることは、6章でも深掘りする大切なテーマです。

## 受注・失注分析

| 活動 | チェック項目 | ポイント |
|---|---|---|
| 受注・失注分析 | 受注・失注事例の入力 | ・上司の指示に基づき、入力後メールにて営業部メンバーに送信。<br>・営業会議でも共有。 |
| | 受注・失注事例共有 | ・自社の強みと弱みは何か、受注・失注分析を通して把握し、効率的な勝ちパターンの確立を目指す。<br>・失注案件も貴重なノウハウの蓄積。担当を不必要に責め立てたりせず、同じ轍を踏まぬよう組織内で共有、人財育成にも活かす。<br>・成功事例は客先の同意を得て、販促ツールとしてのマーケ用資料化を行なう。 |

　最後に、『**受注・失注分析**』です。

　忙しさにかまけて『受注・失注分析』に真剣に向き合おうとしないのは、とてももったいないことだといえます。営業個人の頭の中に暗黙知として蓄積されている大切なノウハウ、そして、貴重な経験という資産を十分活用できていないということです。

　『人財育成』の中にも同じ項目があるように、勝ちパターンを学び、同じ失敗をくり返さないようにするためのケーススタディとしても、受注・失注を分析し、活用すべきです。

　そのためには、日々の活動報告に加え、受注・失注事例をまとめて共有する仕組みづくりが必要になります。

　以上、プロセスをまとめる4つのステップで、**プロセスシート**の【**進捗**】【**活動**】【**やるべきこと**】を決める「プロセスの標準化」の流れをまず説明。

　さらに、その詳細を**標準プロセスの手引き**のポイントに落とし込んでいくやり方を、具体的なサンプルを示しながら紹介しました。

　説明の都合上、一つひとつの標準プロセスごとに分けて詳述してきましたが、最終的にはまとまったフォームとして、10ページ程度の小冊子にまとめます。

ワード、パワーポイント、エクセルなど普段使い慣れたビジネスソフトを使い、項目の分け方やわかりやすい見せ方など工夫しながら、長すぎないコンパクトな資料にまとめてみてください。

## ■ 実践で役立つTips

　この章は、どうやってプロセスを標準化するかということに主眼を置いています。それだけでなく、これまで私がコンサルティングを行なった多くの会社のトップセールスが実際に行なっていた、そのまま営業現場で使える提案型営業のすぐ真似できるポイントも、標準プロセスの詳細ノウハウの記載例という形で紹介してきました。

　自社で使っている普段のビジネス用語に多少修正する必要はあるでしょうが、本質的には内容を読み込み、そのまま部下に徹底させるだけですぐに効果が現われるはずです。

## ■ プロセスの見える化は余裕をもって

　ちなみに、本格的に「プロセスの標準化」のコンサルティングをする場合は、週1回2時間程度、お客様と一緒にヒアリングを行ないながら、見える化ツールの手引きを3ヶ月くらいかけて創り上げるのが理想です。

　これくらいの時間があれば、プロジェクトに携わる忙しいキーマンの時間も確保することができます。また、プロセスや関連して見えてくる課題にじっくり向き合い、社内関係者とも相談することができます。

　自社で取り組む際も、あまり無理はせず、時間的な余裕は見ておいてください。クライアントに「どうしても」と言われて、1ヶ月という短期で仕上げたこともありますが、それまでのやり方を反省し、今後目指すべき方向をじっくり考える時間を、関係者が確保することができませんでした。

　そのため、従来の非効率的なやり方と変わらない新鮮味のないプロセ

スに落ち着いてしまい、結局はプロセスを見える化したメリットが実感できず、定着しなかったという反面教師とすべき苦い経験もありました。

　スピードが要求される時代ですが、業績アップのために営業の本質を深く掘り下げるという、経営の根幹にも関わる重要な作業です。
　みなさんが会社を支えるために、人生の大切な時間をかけて取り組んでいる営業という仕事は、本気で取り組もうとすればとても奥深く、そう簡単にプロセス化できるものではありません。見える化の準備にかける適切な時間はしっかり確保してもらいたいものです。

# 07 ノウハウの共有と組織的な営業力強化に活かす

## ■ 厳しい時代を勝ち抜くために「勝ちパターン」を共有する

　この章で述べたやり方に従い、できる営業にヒアリングしながらプロセスを整理した内容であれば、できあがった標準プロセスは、「できる営業＝トップセールスのやり方」を見えるようにした**営業の勝ちパターンの基本型**になります。

　そして、この「勝ちパターンの基本型」が業績アップの論理的な根拠の拠りどころになり、ノウハウを組織で共有しながら、さらによいものに高めていくための共通の土台にもなります。

　勝ちパターンは、通常は属人化していて他人にはわかりにくい営業ノウハウの固まりであり、組織の宝とも言えるものです。この宝を組織的な営業力強化に活かさない手はありません。組織のメンバーで共有しながら、他の意見も取り入れ、さらに磨いてより次元の高いものにしていくのが正しい"知の資産運用法"です。

　現在の厳しいビジネス環境では、狭い料簡にとらわれ、低い次元で社内競争をしている場合ではありません。その間に、競合も虎視眈々と顧客奪取やシェア拡大を狙っているのです。社内競争で負けるより他社に負けるデメリットの方がダメージが大きいのは言うまでもないでしょう。

## ■「見える化ツール」を社内に浸透させる

そこで、勝ちパターンの基本型を共有するツール・場・仕組みが必要になります。

ノウハウの共有と営業力強化のための強力な味方が、見える化ツールです。営業プロセス全体が見えるようにしたプロセスシート。そして、プロセス実践の詳細については手引きを活用します。また、見える化ツールは、組織での共有を通して、人財育成や業績向上を目指すための**"営業プロセスの虎の巻"**の役割も果たします。

共有の場としては、従来の組織の指示伝達の仕組みを使います。まず、見える化ツールをお披露目し公式に発信する場は、営業リーダークラスが集まる営業本部長会議、部長会などの会議体が一般的でしょう。そこで、組織として「結果を出すためには、プロセスが大切であること。そのために見える化ツールを活用すること」を宣言します。

それから、部・課単位の週ごとの営業会議に落としていきます。そのために、部課長クラスを集めた管理者研修で具体的に解説し、部下に伝えてもらいます。

研修は人事・人材育成担当の部署が管轄しているケースも多いので、営業部単独ではなく、人事関連部署と連携しながら研修プログラムに落とし込んでいくのも、効果的かつ権威づけがしやすいやり方です。

その後は、日々の営業活動の時は当然のことながら、営業会議やOJT・研修、人事評価まで有効利用して徹底させ、継続的に浸透させていきます。

勝ちパターンを共有し、組織的な営業力強化に活かす組織構造を、営業マネジメントの視点からあらためてまとめ直すと、5つのレイヤーで考えることもできます。
①中長期経営計画や事業計画に営業戦略として取り入れる
②OJT・研修で周知する

③日々の営業で活用する

④営業会議や日報でプロセスマネジメントを徹底する

⑤人事評価と連携する

　②OJT・研修については6章で、③日々の営業での活用と④プロセスマネジメントの徹底については5章で詳しく述べます。

## 4章のまとめ

- [ ] 4つのステップのポイント：
  [ステップ① 目的] 目的は明確に、数は1つ（多くて2～3つ）。目的はゴールに到達するための道標。プロセスの見える化成功の鍵は目的にかかっている。
  [ステップ② 進捗] 進捗はプロセスをまとめる大切な時間軸。背骨のようなもの。
  [ステップ③ 活動] 活動は社外と社内の2つに分ける。成果に直結する社外の活動の優先順位を上に。
  [ステップ④ やるべきこと] できる営業のノウハウを標準プロセスの手引きに凝縮。

- [ ] サンプルシートは提案型営業のお手本。
  うまく整理できない場合は、真似してもOK。

- [ ] プロセスを整理する時は余裕をもって。
  これまでのやり方を振り返り、よりよいやり方を見つける大切な機会でもある。

- [ ] 見える化ツールをプロセス主義の社内浸透や、営業プロセスの虎の巻として活用すべし。

# 5章

## 営業プロセス
## "見える化"マネジメント
—— 業績アップの特効薬

# 01 プロセスを営業マネジメントに活かす思考法

## ■ 業績アップの具体論

　4章で、3次元プロセス分析法でプロセスを整理し、組織で共有するところまでを詳しく紹介しました。これが、プロセスの見える化が業績アップにつながる5段階の、①営業プロセスの「標準化」から、②ツールによる「見える化」、そして、③組織内での「共有化」に相当します。

　これを受けてこれ以降では、標準プロセスの活用について、（5章）「見える化マネジメント編」、（6章）「人財育成編」、（7章）「カイゼン編」、（8章）「人事評価編」に分けて深掘りしていきます。

　5段階の順番通りであれば、本来は営業力強化を説明する④「人財育成編」が先なのですが、「どうやって業績アップするのか、肝心のところを早く知りたい」と、結論を急ぐ読者も多いでしょう。

　そこで、まず5章で、標準プロセスを業績アップにどうやって活かすのか、本書のメインテーマである営業プロセスの見える化による業績アップの具体策として、「**プロセスマネジメントの内容**」「**業績アップの方程式**」「**プロセス指標の設定**」などについて詳しく解説します。

　営業プロセスを見える化することは、それ自体が目的ではなく、あくまでも業績向上がゴールなので、そのゴールに向かって具体論に入るわけです。

　指導力のある営業リーダーのもと、見える化ツールで明らかになった勝ちパターンを徹底できれば、3ヶ月から半年くらいで成果が現われてくるケースも少なくありません。

営業の基礎力がそれなりに備わっている場合は、育成にそれほど時間をかけなくても、短期間の業績改善も可能だということです。

## ■ プロセスマネジメントとは

結果を出すためのプロセスの大切さ（プロセス主義）とプロセスそのものの考え方については、1～4章でくり返し説明してきました。その中で「プロセスマネジメント」という言葉も、ところどころで使ってきましたが、その考え方や定義については十分ではありませんでしたので、ここで明らかにしておきましょう。

業績アップを目指す上で基本になる考え方が「プロセスマネジメント」です。成果を出すために、途中のプロセスを見えるようにしてマネジメントすることです。

プロセスマネジメントは、これまでは個々の社員の属人的なやり方で仕事が進められ、ブラックボックスとなっていた仕事のプロセスを見える化して、結果につながりやすいプロセスがきちんと行なわれているかどうかを「マネジメント」していく業務改善の方法です。

営業においては、営業管理という言葉がよく使われます。本書では基本的には管理ではなく、「マネジメント」という言葉を使っているので、ここで考え方と定義を整理しておきましょう。

マネジメントという言葉は、ビジネスの世界においては、その意味するものがあまり意識されないまま、当たり前のように使われていますが、マネジメントの概念を提唱したピーター・ドラッカーの意図したものからずれているような気がしてなりません。

## ■「結果や行動の監視」はマネジメントではない

マネジメントは、日本語では「管理」とよく訳されます。したがって、「プロセスマネジメント」は「プロセス管理」とも言い換えること

ができます。

　しかし、「管理」という言葉は、「上長が部下の行動を監視する」とか、「言ったことがきちんと実行されるよう統制する」というように、経営やマネージャー側からの視線で、人を信用していないネガティブな印象やニュアンスに受け取られることもあります。

　このような誤解を避けるため、本書では「マネジメント」を、動詞「manage」の「〜を何とかなし遂げる」という解釈から、次のように定義します。

　「目標や経営課題を、会社の限られた資金と人財と時間を使い、様々な制約要因や予期しない突発的な状況変化に柔軟に対応しながら、何とかうまく達成・解決していくこと」

　マネジメントを、「結果の数字や人の行動を管理すること」のように履き違えているケースがよく見られます。しかし、プロセスマネジメントでは、結果や人を管理するのではなく、**問題となっているプロセスを見える化して成果を出しやすい方向に導きます**。

　会社には、誰もが何となくおかしいと感じながらも、「そのやり方でこれまでやってきたから」という根拠のない理由で放置されていることが多くあります。そのようなささいな疑問も見逃さず、**本質的な視点で気づき、改善していく**のがプロセスマネジメントの大切な視点です。

# 02 モノづくりと営業の違い

## ■ 工場の見える化はどうやっているのか

　営業強化のためにはプロセスに目を向けることが大切だ、ということについてはかなり認識されてきています。実際、ビジネスの様々な局面において、プロセスの進捗状況を追っていこうという動きも徐々に増えてきているのも事実です。

　しかし、"見える化"については、言葉だけは独り歩きしているものの、まだ真の意味での理解・実践・徹底には至っていないと感じます。

　そこで、こうした動きを支援し、もっと業績改善に役立てることができるように、プロセスマネジメントの概念を工場の工程管理の例を使いながら整理しましょう。

　図5-1は、「生産プロセス」と「営業プロセス」を比較し、工場の生産プロセス管理手法（カイゼン）を営業にも応用するイメージを図にしたものです。

　例えば、自動車などの製品をつくる際に、腕の立つ一人の職人がすべての作業工程を行なうというやり方も可能です。しかし、一人ではつくる量に限界があります。また、時々の調子で品質にばらつきが出てきてしまうこともあるでしょう。その人が病気などで休めば、製造工程が止まってしまうリスクもあります。

　こういった事態を避けるため、工場では途中の工程（プロセス）をきちんと切り分け、適材適所に人を配置してチームで作業を行なっています。

**図5-1** 工場のようにプロセスを見える化する

生産プロセス

製造工程を各工具の属人的なやり方に頼るのではなく、組織でノウハウを共有して標準化しているのです。さらに、トラブルへの対処策や工夫を話し合い、よりよいやり方を常に模索しながらカイゼンを行なっています。

　このサイクルを継続的にくり返すことにより、高い品質の製品がコンスタントに生産できるようになるわけです。

　モノづくりの現場では、プロセスマネジメントという横文字が使われているわけではありません。しかし、世界に冠たる日本の製造業では、トヨタのカイゼンを代表的な例として、こうした生産効率向上への取組が日々当たり前のように行なわれています。

　こういった地道なカイゼンが日本の製造業、ひいては日本経済の基盤を支えてきたのはご存じの通りです。

## ■ 50年変わっていない営業の本質

　一方、営業に目を向けてみるとどうでしょうか。

　私自身もすでに100社を超える企業の営業改善コンサルティングの場面で様々な話を聞いてきましたが、そのやり方やマネジメントの方法は、驚くべきことに50年近く本質的には変わっていないのが実態です。

　では、50年間変わっていない、営業のやり方とはどのようなものでしょうか。それは、**精神論や根性論、下への仕事の丸投げ、あるいは、根拠のない一方的なノルマの押しつけといった、非科学的なやり方が今でもまかり通っている**ことです。

　そこで対比させるために、「製造（モノづくり）」と「営業」の違いを整理してみました。

　次ページの図5−2を見てください。

　製造現場では、作業工程を"標準化"し、トラブルが生じた時にすぐその原因を特定できるように"見える化"しています。見える化といっても

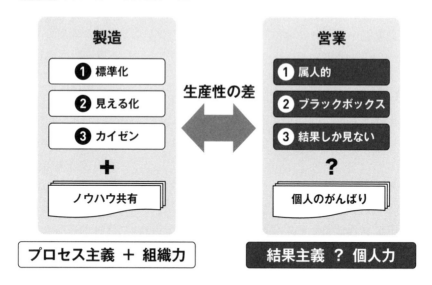

**図5-2** 「製造」と「営業」の違い

製造
1 標準化
2 見える化
3 カイゼン
＋
ノウハウ共有

**生産性の差**

営業
1 属人的
2 ブラックボックス
3 結果しか見ない
？
個人のがんばり

プロセス主義 ＋ 組織力

結果主義 ？ 個人力

何も難しいことではありません。何か異常があればすぐにラインを止めて、問題の原因を実際に目で見て確認するだけのことです。

　何が悪いのか、どこに原因があるのかがわかれば、どう"カイゼン"すればいいのかを関係メンバーで話し合い、実際にやってみる。同じ問題が再発する可能性があるので、「異常が発生した」というありのままの事実と「カイゼン策の実施結果」を組織内で他のメンバーと"共有"する……ごくごく当たり前のことです。

　では、営業の場合はどうでしょうか。製造現場と違い、仕事の進め方は標準化されておらず、"属人的"で、中の見えないブラックボックスになっています。見える化の必要性はそれなりに認識されているので、心ある営業リーダーがいる場合は、個々の工夫や仕組みの修正は部分的に行なわれていますが、組織的にはまだまだ徹底されていません。

　理由は、簡単に言うと忙しくて面倒くさいからです。関心があるのは期末の数字という結果だけなのです。

このままでいいのでしょうか？　少し考えれば子どもでもおかしいと感じますが、営業ではまだまだ当たり前でないことがまかり通っています。そして、なぜか物事を深く考えず、思考停止に陥っているのです。

## ■ なぜ、科学的マネジメントを行なわないのか

このようにあらためて「製造」と「営業」の違いを整理してみると、その差が歴然としすぎていて愕然とします。

製造現場では、いい製品を適正なコストでつくるという結果を出すために、**生産工程を見える化してカイゼンする「プロセス主義」**に真剣に組織的に取り組んでいます。

片や営業現場は、売上や利益といった結果だけは厳しく求めますが、その結果を生み出す営業工程（プロセス）にはあまり注意を払わず、個人のがんばりに期待するだけです。

すなわち、営業現場では組織的なマネジメントは不在で、**個人力に頼るだけの「結果主義」**にいまだに甘んじ、50年来進歩していないという残念な分析に至ります。

"見える化"という言葉は一般化しましたが、営業分野ではイメージ先行で、実態が伴っていないのが実情です。日本の誇るモノづくりに比べ、営業は非効率と指摘されて久しいですが、それもうなずけます。

しかし、モノづくりでできて、営業でできないはずがありません。違いは、「営業は属人的でノウハウの共有は難しい。結果さえ出せばいい」という思い込みです。そして効率化するモノが、今までは見えにくいと考えられていたこと。それを野放しにしていた科学的な営業マネジメントに対する意志の欠如です。

今や、営業の見える化への対応は待ったなし。やらない理由を論理的に説明できるのであれば、教えてもらいたいくらいです。

## ■ 業績アップの特効薬

「業績アップの特効薬」というものは、はたして存在するのでしょうか？　その答えは一言で言うと、「**営業プロセス"見える化"マネジメントを徹底すること**」です。

ただ、これだけでは物足りないかもしれないので、これまでの内容を整理し、もう少し詳しく説明すると、次のように表現できます。

①できる営業のプロセスを、
　標準プロセスとしてわかりやすく「標準化」
②見える化ツール（プロセスシートと手引き）で「見える化」
③見える化したノウハウを、勝ちパターンとして組織で「共有」
④見える化ツールで、「人財育成」を図りながら営業力を強化し、
　業績改善の土台をつくる
⑤標準プロセスの「カイゼン・徹底」を、プロセス評価でも支える

この一連の流れ（5段階）が**業績アップの"処方箋"**であり、標準プロセスの実践を愚直に徹底し続けることが**"特効薬"**なのです。

ここで本書のタイトルになっている「**営業プロセス"見える化"マネジメント**」について、明らかにしておきます。

本書で使っている「営業プロセスの見える化」や「プロセスマネジメント」も基本的には同意義ですが、**3次元プロセス分析法でしっかりと標準プロセスをまとめ、人事評価で支えるところが異なる点であり特徴**なので、象徴的な表現を使い、その違いを明確にしています。

プロセス管理や見える化といっても、組織により考え方やレベルもまちまちであり、プロセスの定義や整理がしっかりなされていないケースがほとんどです。プロセスをきちんと標準化しているか、あるいは、何となくプロセスっぽいものでお茶を濁しているかにより、雲泥の差が出てきます。言葉やイメージは似ていても、実態はまったく別物なの

です。

　本書では、文脈に応じて、もしくは、文章を簡潔にするために、これ以降もプロセスの見える化やプロセスマネジメントなどの表現も併用して使います。


　飲みさえすれば、何の苦労もなくどんな会社や組織にでもすぐ効く魔法の万能薬は存在しません。マネジメントにおいて、導入しさえすればすぐに効果を期待できるツールを求めることは、"賢者の石"を探すに似て空しい（賢者の石とは、錬金術で鉛などを金に変えるとされる秘石のこと）。

　しかし、処方箋通りにプロセス見える化という薬を飲み（導入し）、服用し続ければ（標準プロセスの徹底という努力を続ければ）、効果が出てくることは確実なのです。


**図5-3** 業績アップの特効薬

> ## 業績アップの特効薬 ＝
> ## 営業プロセス"見える化"マネジメントの徹底

**①** できる営業のやり方を、プロセスで**"標準化"**

**②** 見える化ツールで**"見える化"**

**③** できる営業の詳細ノウハウを、勝ちパターンとして**"共有"**

**④** **"人財育成"**による営業力強化（業績アップの土台づくり）

**⑤** **"カイゼン・徹底"**を、プロセス評価で支える

# プロセスマネジメントの具体例
## ──コーチングとセルフマネジメントによる課題プロセスの確認

　それでは、プロセスマネジメントを実際に業績アップにどう活用するのか。上司と部下の具体的な会話例を使って示してみましょう。

## ■ これまでの営業の悪い管理パターン

　120・121ページ図5 - 4は、成績のいいプロセス太郎さんと、伸び悩んでいる努力次郎さんの比較です。太郎の売上がよくて、次郎は今ひとつであることは、数字で現われているのですぐにわかります。

　注目してもらいたいのは、「資料送付」「アポ取り」「商品説明」「ヒアリング」「プレゼン」「クロージング」「契約事務」という標準プロセスに分けて、2人の行動パターンの違いを見える化している点です。

　このように違いをデータで見えるようにしてあれば、上司が部下の強みや課題を、具体的な標準プロセスで示しながら、コーチングすることが可能になります。

　それでは最初に比較対象として、おすすめパターンの前に、反面教師的な悪いパターンを考えてみましょう。

　結果の数字だけしかなく、プロセスのデータの裏づけのない、これまでの精神論・根性論による営業管理のやり方ではどうなるでしょうか。ダメな典型パターンはこんな感じです。

　まず、上司が「どうして売上が少ないんだ」と次郎を叱責・説教。その後さらに、「だいたいおまえはやる気がないから……」と人格を責める。そして最後は、「わかったな、あとは根性で何とかしろ！」という

精神論の注入で終わってしまうというパターン。

　これでは、**売上を上げるためにどうすればいいか**という、肝心な改善のための具体案が示されていません。

　これまでは仕事のどのプロセスに課題があり、それをどう改善すればいいか、実は上司もよくわかっていませんでした。活動の実態が見えていなかったからです。思いつくのは気合を入れ直すことぐらい。本質的な課題が解決されないまま何の学習もなく、結局、同じ過ちをくり返してしまうだけでした。

## ■ 成績が上がらない部下へのコーチング

　それでは次に、プロセスマネジメントによる科学的なやり方だとどう変わってくるのでしょうか。

　結果の数字についてはわかっているので、あまりくどくどと言う必要はありません。次郎自身もよくわかっています。言いすぎると心理的リアクタンス（無意識的な反発心）を起こすので逆効果です。

　その代わりに活動データのグラフを一緒に見ながら、できる太郎との普段の行動の違いを示して、成果を上げている営業はどのプロセスに時間をかけているか、次のように理論的にコーチングします。

上司「太郎君とどこが違うのか、一緒にグラフを見ていこう。商品説明に関しては、次郎さんもかけている時間は太郎君とそれほど変わらないね。でも、その後の『ヒアリング』や『プレゼン』『クロージング』で大きな差が出ているね」

次郎「そうですね、どうしてこういう差が出てくるのでしょうか？」

上司「君は最近、残業が多いようだな。何か足をひっぱっているプロセスがあるんじゃないかな？　もう一度グラフを確認してみようか」

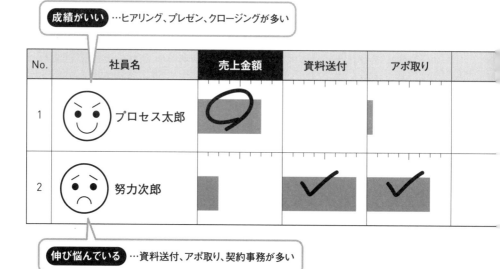

**図5-4** プロセスを見える化しながらコーチング

次郎「太郎さんと比較すると、私は『資料送付』『アポ取り』、それに『契約事務』に時間をかけすぎているようです」

上司「その通りだね。プロセスマネジメントの基本を思い出してごらん。『資料送付』や『アポ取り』も重要なプロセスだが、このあたりはアシスタントに手伝ってもらうことも可能じゃないかな。

　あと、『契約事務』は専門性も高いのだから、法務部で主に対応してもらうようにした方がいいだろうね。

　頭ではわかっていても、実際にやろうとすると難しいこともある。これからはこの反省を踏まえて、まずは『ヒアリング』を増やすことだね。

　そのために、そのひとつ手前のプロセスである『商品説明』でお客様の信頼を勝ち取れるように、ロールプレイングで先輩に教えてもらいながら練習してみてくれ。『商品説明』がうまくなれば、『ヒアリング』

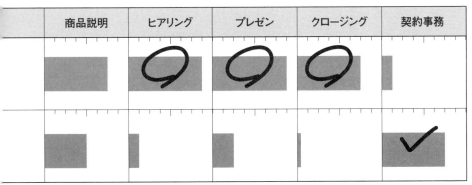

| | 商品説明 | ヒアリング | プレゼン | クロージング | 契約事務 |
|---|---|---|---|---|---|

（売上は金額、各プロセスは時間を示している）

『プレゼン』『クロージング』の時間も自然と増えてくるよ」

**次郎**「よくわかりました。今後はご指摘いただいた点に気をつけながら、もっと案件の進捗を効率的に進められるように心がけていきます」

## ■ 普段のコミュニケーションを増やす

このように標準プロセスが定められていて、勝ちパターンが共有できていれば、上司も説得力のあるコーチングを行なうことができます。

また、客観的なデータを使いながら説明すれば、次郎も頭ではわかっていても実際はできていないことを、余計な感情論なしに素直に聞けるので、お互い精神的にも健全です。

この例のように、定期的な営業会議だけではなく、上司と部下が標準プロセスを共通言語として、普段からコミュニケーションを増やすことが何よりも重要です。

カイゼンのためのアドバイスやフィードバックは、常日頃から気づいた時にすぐ継続的に行なわなければ意味がありません。このようにコーチングやセルフマネジメントを行ない、プロセスマネジメントが徹底できるようになれば、数字は自然とついてきます。

# 04 業績アップのために まずやるべきこと

## ■「業績アップの方程式」とは

いかがでしょうか。プロセスマネジメントの実際の運用イメージは理解してもらえたでしょうか。

今度は角度を変えて、数学的な面からアプローチしてみましょう。実は"業績アップの方程式"（別名：生産性アップの方程式）というものが存在します。数学的といっても、小学生レベルの簡単な式なのでご安心を。

次ページの図5-5をご覧ください。業績を上げるための要素は、〈案件数〉〈（受注）金額〉〈成約率〉〈商談期間〉の4つです。

すなわち、案件数を増やし、受注金額を増やし、成約率を上げる、この3つが分子にきます。そして〈商談期間の短縮〉が分母です。

まず〈金額〉ですが、自社がマーケットの価格をコントロールできるくらい寡占状態にある、あるいは、製品やサービスが圧倒的に強ければ別ですが、通常は競合としのぎを削っているので、自社の都合だけで価格を上げるのは簡単ではないはずです。

次に〈成約率〉です。これも仮に完璧な営業ができたとしても、必ず受注できるわけではありません。対応や提案内容がいくらよくても、決裁が取れなかったり、先方の業績が芳しくないなど、その時々の顧客の理由で受注までは至らないことはよくあります。

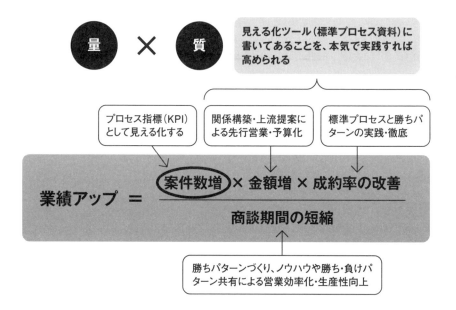

**図5-5** 業績アップの方程式

量 × 質 　見える化ツール（標準プロセス資料）に書いてあることを、本気で実践すれば高められる

プロセス指標（KPI）として見える化する

関係構築・上流提案による先行営業・予算化

標準プロセスと勝ちパターンの実践・徹底

$$業績アップ = \frac{案件数増 \times 金額増 \times 成約率の改善}{商談期間の短縮}$$

勝ちパターンづくり、ノウハウや勝ち・負けパターン共有による営業効率化・生産性向上

　本気で買うつもりはない問合せや、相見積や競合の情報収集ではないかと薄々気づきながらも、対応しなければならないこともあります。どんなに完璧な営業をしても、取れない時は取れない。顧客を自分の思惑通りに動かすのは至難のわざです。

　〈商談期間〉も短ければ、売り手から見た生産性はアップしますが、これも思い通りに顧客の購入スケジュールをリードするのは、誰でもできる芸当ではありません。買う側は売る側の予算達成のための受注見込みや効率性には一切興味がありません。

### ■ 自らの努力で着実に増やせる〈案件数〉

　さて、残るは〈案件数〉ですが、これはきちんとやるべきことをやり、努力さえすれば、着実に増やすことができます。すなわち、**業績ア**

ップのためには、まず**案件数を増やすこと**。次に、ノウハウの共有やブラッシュアップ、勝ちパターン・負けパターンの分析を行ない、営業担当の底上げすることにより成約率を上げる、というのがシンプルかつ現実的で、一番確実な考え方です。

　営業は野球のバッターのヒット数に例えることができます。まずは案件数（＝打数）を増やすのが一番簡単で手っ取り早いということです。その後で、成約率（＝打率）を上げることを目指します。

　業界・業種や扱う製品によって変わってきますが、提案営業の場合、野球と同じく３割打てるかどうか、がひとつの目安になります。

　集計方法にもよりますが、顧客が興味を示し、見積や提案を行なった案件を母数にして、自社の営業員の成約率を計算してみてください（箸にも棒にもかからない問合せ対応は除外してください。営業の能力とは関連性がありません。データ精度が落ちるので、入れない方がより正確な成約率をはじき出せます）。

　ちなみに、①**案件数を減らして質を上げるべきか**、あるいは、②**案件数を増やして受注を確保すべきか**、悩ましいテーマということで質問を受けることがありますが、これについてはすでに答えが出ています。

　答えは、②案件数を増やす、です。理由は〈成約率〉のところで説明したように、顧客をコントロールするのは難しく、完璧な営業をしても取れない時は取れないからです（そもそも完璧な営業というのも、売る側の勝手な思い込みにすぎません）。

　「案件の量と質を同時に改善する」といった欲張った指示を出しても、現実的にはうまくいきません。「二兎追うものは一兎も得ず」。まず案件数を増やすことに集中すべきです。

　何事においても練習期間に相当する最低限の時間は必要です。その過程をとおしてノウハウ共有・人財育成を行ないながら、徐々に〈成約率の改善 → 商談期間の短縮 → 金額増〉を目指します。

「業績アップの方程式」は単純な式ですが、これを徹底し突き詰めていくだけでも多くの事実が見えてきますし、効果も確実に現われます。


## ■ プロセスマネジメントで案件数を増やすには

　話を戻しましょう。では、プロセスマネジメントで具体的にどうやって案件数を増やすのか、さらに具体的に深掘りしてみます。「プロセスシート」と「標準プロセスの手引き」の該当個所（82〜85および93〜96ページ）も参照しながら、本文を読み進めてください。

　次の2つのシナリオでアプローチします。


### ①営業チャンネルを増やして、案件数を増やす

　『新規顧客開拓』の「パートナー戦略」と「セミナー対応」が解決の入口です。

　まずは、「パートナー戦略」からです。

　自社の直接販売だけでなく、パートナー経由の間接販売を増やせば、案件数は増えるはずです。ただし、パートナーには他にも売る製品があり、何らかのメリットがなければ積極的には協力してくれないので、競合に比べて優先販売してもらう理由づけが必要になります。

　この場合、担当営業の個人力だけでは自ずと限界があります。会社のトップや営業担当役員も含め、会社対会社の関係でパートナーの求めるもの、すなわち儲かる総合提案やメリットの提供を行ない、抜本的な引合数増、案件増を狙わなければなりません。


　次に、「セミナー対応」による案件数増です。

　セミナーはすでに実施している会社も多いでしょうが、セミナーを実施すること自体が目的化していないか、本来、案件化できるのにフォローが甘いために取りこぼしはないか、一度洗い直してみることをおすすめします。

　「セミナー参加者リストなど、フォロー準備が抜かりなくできている

か」「各担当への割り振りが迅速に行なわれているか」「優先順位を整理して遅滞なく訪問フォローできているか」。こうしたアフターフォローの流れがきちんとルール化され、徹底されている会社は意外と少ないものです。

また、参加者の役職が部長以上の場合は、決裁権者である可能性もあるので、担当任せにせず、初回訪問から上司同行を義務づけるなど、ちょっとしたノウハウが確実に案件数を増やすコツでもあります。

## ②課題やニーズを正確に理解して案件化率を上げる

新規顧客とのアポが取れても、案件化につなげられるどうかはまた別です。既存客の潜在ニーズもすべて漏れなく拾えているかという疑問も残ります。

基本中の基本ですが、『ヒアリング』の「課題の把握」がきちんとできているか、目を向けなければなりません。

自社製品の一方的な説明ではなく、「相手が望んでいるものは何か」をきちんと聴けているか。できれば、顧客が気づいていないニーズまでアドバイスできるのが理想です。

とはいえ、課題をいきなり聞いても、信頼関係がなければ顧客も悩みを打ち明けてはくれません。相手のタイプや空気を見極めながら、『ヒアリング』のひとつ前の工程である『概要説明』のところで、きちんと信頼関係を築いていることが大前提です。

課題やニーズの相談は自社の秘密を明かすにも等しい行為なので、信頼できない営業には本当のことは教えてくれません。

しかし「課題の把握」といっても、顧客自身が課題をはっきりと認識していない場合もあります。課題は頭の中で漠然と考えているだけだと、いろいろあると思いがちですが、整理すれば必ずパターン化できるものです。「ヒアリングシート」にまとめておくと、シートを見せながら、相手の気づきや解決策に向けてリードしやすくなります。

シートを見せて顧客に選んでもらうのであれば、営業担当の能力も関係なしです。また、確認漏れがないようにヒアリングシート持参を徹底

させることで、着実に営業の底上げにつながります。


## ■ 次に質を上げる

　ここまでは即効性の高い案件数の増やし方について詳しく述べてきました。営業は「量×質」という言い方もしますが、〈案件数〉を量とするならば、質に当たるのは〈金額〉〈成約率〉〈商談期間〉です（金額は量とも考えられますが、ここでは質の方に分類します）。

　先に自社の都合だけで〈金額〉を上げるのは簡単ではないとちょっと否定的な表現をしましたが、手がないわけではありません。

　予算の権限をもっている決裁者との関係を構築し、予算化の段階から上流提案や先行営業を行なうことによって実質的な競争を排除し、あるいは、随意契約に持ち込むことにより、純粋なコンペに比べると高い利益率を確保することができるようになります。

　では〈成約率〉はどうでしょう。できる営業の勝ちパターンを明らかにし実践することです。

　つまり、4章でまとめた標準プロセスは、できる営業の効率的に案件を取るノウハウをまとめた勝ちパターンの基本型です。〈案件数〉という量をこなしながら経験を積み、勝ちパターンの実践〜フィードバック〜徹底を行なうことで成約率を高めることができます。

　〈商談期間〉も同様です。勝ちパターンづくりや、受注・失注分析による勝ち・負けパターン共有により、営業員、あるいは、組織の弱みやボトルネックなど真の課題が浮き彫りになります。

　課題をプロセス単位で少なくすること。そして、強みと弱みを把握することにより、分業やチーム営業により営業効率化を高め、生産性向上を図ることが可能になります。


　このように文章だけで書くと難しそうに感じるかもしれませんが、その具体的なやり方をわかりやすくまとめたものがあります。そうです、見える化ツール（標準プロセス資料）です。見える化ツールに書いてあ

ることを、本気で実践すれば高められるのです。

　「プロセスシート」と「標準プロセスの手引き」という見える化ツールに、営業の量と質を高めるノウハウを記載して、その実践・徹底をサポートする。業績アップの方程式は、プロセス見える化による営業マネジメントを凝縮したものともいえます。

　1章に「よくある営業の課題トップ10」を紹介し、その解決の糸口として〈見える化〉〈ノウハウ共有〉〈効率化〉の3つにグループ分けする考え方を示しましたが、業績アップの方程式はその考え方とも密接に関連しています。

# 05 営業時間を増やすために業務の効率化を図る

## ■ 営業力強化の前に重荷を減らすことが必要

　営業力強化という話になると、どうしても攻めの営業の話に走りがちなのですが、その前に本来の営業の仕事（大切なプロセス）に集中できるよう、業務の効率化を図り営業担当の負荷を減らすという、生産性向上の視点も大切です。

　「業績を上げろ」「重要顧客への訪問を増やせ」「優良案件を増やせ」と言っても、事務処理やクレーム対応など、本来注力すべきこと以外の業務に手が取られているという問題を取り除かない限り、営業担当は仕事量が増えるばかりで前に進みづらいのです。ブレーキをかけながら、アクセルを懸命に踏めと言っているようなものなのです。

　現在の営業現場はみな忙しくしていて限界に近い状況なので、プロセスマネジメントなど新たなことに挑戦する場合は、勝ちパターンの見える化だけでなく、業務効率化のための見える化も並行して（理想的には、先行して）検討しなければなりません。

　すべての営業組織に共有する課題ですが、営業強化の方にばかり目を向けてしまい、見落としがちな点なのでこの項で具体例も交えながら解説しておいた方がよいと思います。

　業績アップのためには、「顧客との接触時間」を増やすことが必須です。しかし、営業担当が本当に営業のために使えている時間は想像以上に少ないという問題があります。

　まず、その実例を紹介しましょう。

ある精密機器メーカーの営業部では、競合との競争が激化し製品単価も下落傾向であったため、このままでは予算が達成できない状況にありました。

　そこで社内で対応策を話し合ったところ、「ヒアリングやプレゼン、条件交渉など、実績に結びつけるための、本来、注力すべき顧客と接する活動に使えている時間（有効営業時間）が少ないのではないか」という仮説が浮かんできました。

　試しに有効営業時間を計測してみたところ、何と就業時間のたった10％しかないことが判明したのです。原因としては、クレーム対応や事務作業が多いため、社内にいる時間が多くなってしまっていたためでした。

　この結果に驚いた会社では、特に18％もの時間を取られていたクレーム対応を営業部から切り離し、サポート部門が責任をもって対応する仕組みに変えました。


　また、事務作業にも13％の時間が取られていたため、社内のバックオフィス部門にその業務を移管して営業の負荷を減らしました。

　その結果、有効な時間を本来の営業活動に振り向けることができ、以前は10％しかなかった有効営業時間を30％強にまで増やすことができたのです。

　一方、クレーム対応を移管されたサポート部門にかかる負担が大きくなったため、負荷軽減と効率化を目指し、業務プロセスの見直しを開始しました。


## ■ 有効営業時間がどれくらいあるか、ご存じですか？

　一例を紹介しましたが、「有効営業時間」に関する一般的な話もつけ加えたいと思います。

　これまでに様々な企業のデータを実際に計測してみましたが、**営業が純粋に顧客との面談に費やしている時間は、業種・業界を問わず全体の**

就業時間の10 ～ 20％程度しかないというのが事実です。

　営業担当はお客様と会っている時間が、就業時間のほとんどを占めているはず、というイメージをおもちの人が多いと思いますが、これが実態なのです。

　想像以上に、本来の営業活動に使えている時間は少ないということに驚きませんか。ところが、上記の精密機器メーカーの話は決して特殊なケースではないのです。

　では、残りの80 ～ 90％の時間は、いったい何に費やされているのでしょうか。会社や組織によって異なりますが、資料作成、会議、事務作業、クレーム対応、契約関連作業などが多いようです。「さぼって仕事を怠けているのではないか」と疑う人もいるかもしれませんが、それが本質的な問題ではないのです。

　なお、有効営業時間に使える時間は、業種や担当エリアにもよりますが、これまでの実測値では最大でも40％程度です。移動時間や必要な会議、最低限の事務・契約処理やクレームへの対処などはあるので、有効営業時間は20％を超えていればいい方だと思います。

## Consulting Insight
### ～社内業務の負担軽減もセットで検討～

　ある大手食品メーカーの営業見える化に取り組んだ時の反省談です。営業強化の方はうまくいき、目標としていた上位２割の重要顧客に営業リソースを集中することにより、優良案件数も増え利益率も高まったのですが、その負の効果で営業担当の社内事務作業が増え、残業時間も増えてしまったのです。

　最初からこの点を心配して、「事務作業など社内業務の負荷を下げるプロセスも整備した方がいいですよ」というアドバイスはしていたのですが、コンサルティングに使える予算的な問題もあり、結局手つかずになっていたツケが回ってきてしまったのです。今から思えば、もっと強く提案すべきだったと反省しています。

**図5-6**「顧客との面談に使われている時間はどれくらい？」

**あるべき姿** … 本来、お客様に接する時間に使うべき

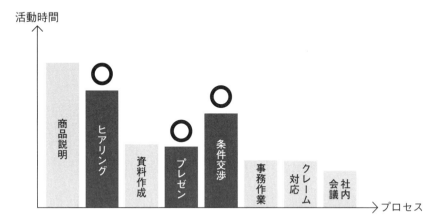

**実態は？** … 社内作業に時間を取られてしまっている

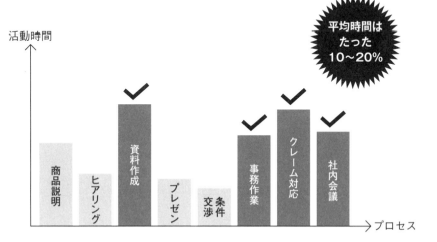

# 06 KPIを俯瞰図を使って正しく設定する

## ■ 結果を予想するための先行指標

　個々のプロセスはもちろん重要ですが、すべてをくまなく"見える化"するのは手間もかかり至難の技ですし、また、その必要もありません。

　すべて監視されるのでは、見られる営業担当も息が詰まります。

　その代わりに、成果につながるプロセスの流れを整理した上で、結果の数字が出る前に、何ヶ所か中間チェックポイントを設けて"定点観測"を行ないます。

　結果が出るまでブラックボックスのままでは、手の打ちようがなく困るので、**順調に進んでいるかどうかをポイントポイントで覗ける窓を設置する**わけです。

　具体的には、進捗状況をモニター（見える化）するために、「**プロセス指標**」を設定します。

　よく知られているプロセス指標として「**KPI**」があります。KPIは、Key Performance Indicatorの略で、一般的には「重要業績評価指標」と訳されています。しかし、この抽象的な日本語訳がそもそもの誤解の始まりです。よく考えると重要業績評価指標では何のことかわかりません。本当は**"成果の先行予測指標"**に意訳し直した方がよいと感じます。

　KPIはバランススコアカード（以下"BSC"）の中で、**業績評価のための先行指標**として紹介されたものです。

　BSCは、ハーバード大学教授のロバート・S・キャプラン氏と、コンサルティング会社の社長であるデビット・P・ノートン氏が提唱した業

績評価システムで、「財務」「顧客」「**業務プロセス**」「学習と成長」の４つの視点から業績目標の達成を考える手法です。

　従来型の業績評価は、売上や利益などの「財務指標」を主な指標としていました。しかし財務指標は、あくまで過去に行なったこと（プロセス）の結果指標（遅行指標）にすぎません。

　BSCでも財務指標が最終的な結果を表わす点は同じですが、そのために必要な「顧客」「業務プロセス」「学習と成長」という３つの先行指標（これらをパフォーマンス・ドライバーとも呼びます）から戦略目標の進捗と達成をコントロールできるメリットがあります。

　KPIは1990年代に登場して以来、多くの日本企業で取り入れられています。

## ■ KPIは正しく設定されているか？

　BSCにおけるKPIは、「リピート率」「顧客満足度」「業務の改善提案数」「研修の実施数」など、包括的な上流概念に近いものが多く設定されがちです。しかし営業部門では、結果に直結するもっと細かい具体的な指標が求められます。

　そこで、売上や利益といった組織の目標を達成するための営業現場の行動指標として「**プロセス指標**」という表現をおすすめします。とはいえ、KPIという言葉はだいぶ浸透しているので、本書ではわかりやすさを優先して、便宜上KPIという一般的な言い方に倣うことにします。

　BSCの意図するレベル感とはやや異なりますが、営業の現場でよく使われるKPIの例としては、「訪問件数」「新規顧客開拓数」「案件数」「提案数」「見積数」などが挙げられます（図５－７参照）。

　ここまでは他の営業本にも出てくる話ですが、問題はKPIの設定が適切に行なわれているかどうか、という根本的な疑問です。KPIの設定が不適切であれば結果が担保されず、目標達成というゴールに到達できない可能性が高くなります。

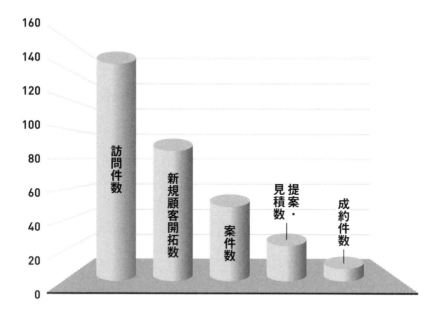

**図5-7** 営業のプロセス指標（KPI）

160
140
120
100
80
60
40
20
0

訪問件数

新規顧客開拓数

案件数

提案・見積数

成約件数

　つまり、KPIは慎重に設定しなければならず、その具体的な方法をもっと深掘りして真剣に考える必要があるわけです。


## ■ 結果KPIを測っても意味がない

　KPIは、営業リーダーと営業担当が、**進捗が問題なく進んでいるかどうかを確認しながらゴールを目指すための道標**です。ボトルネックとなっているプロセスを特定し、その解決策を考慮した上で、業績向上に寄与するものを選ばなければなりません。
　また、売上や利益といった目標を達成するための先行予想指標として設定されなければなりません。
　ところが、コンサルタントとしてKPIに関する相談もよく受けますが、**結果指標に近いものがKPIとなっている場合が多いのが気になる点**です。つまり、一般的に運用されているKPIは、目標数字の構成要素を

単に細分化した誤ったKPIになってしまっています。これをわかりやすく"結果KPI"と例えると、皆さん我が意を得たりという表情をされます。

　理由としては、そもそもKPIの考え方や定義が明確になっていないこと、結果志向が強すぎて、本来の趣旨からそれてしまうことなどが考えられます。

　また、KPIを設定する大前提として業務の全体像がわかっていなければ、正しいKPIは設定できません。全体像を意識しないまま、KPIツリーなどで精緻にKPIを設定しても、業績予測の精度は上げられません。

　しかし、すでに述べた通り、営業プロセス全体がしっかりと設計されている組織はそう多くはありません。結果との相関性の低いKPIや、財務指標に近い、計測してもほぼ意味のないKPIを誤って設定してしまうのも、プロセスの全体図がないことが原因です。

　KPIが絞り込めず、あれもこれもと取り入れてしまい、KPIの数が10〜20にもなるケースもあります。これも全体を俯瞰する視点の欠如が原因です。プロセスの俯瞰図がないと不安なので、あれもこれも入れておいた方がよいだろうと、欲張って数多くのKPIを取り入れてしまうわけです。これでは集計・報告の手間を増やすだけで、業績改善につながりません。

## ■ プロセスシートが羅針盤になる

　ポイントは、**プロセスの全体設計が正しくできているかどうか**です。全体設計図・俯瞰図があれば、ボトルネックとなっているプロセスも特定できるので、その課題にスポットを当てた、適切かつ最小限のKPI設定が可能になります。

　ボトルネックに関連したKPIを改善しない限り、その後のKPIをいくら測っても現場の労力が増えるばかりで、意味がありません。せっかくKPIを設定しても結果が出ないのは、この大前提が抜けているからなのです。

そこで、「プロセスシート」がその正しい設定の役割を果たすのです。プロセスシートは、業績アップにつながる正しいプロセスの流れを整理した俯瞰図なので、真の課題（ボトルネック）を特定した上で、KPIを正しく選定し、設定するための羅針盤としての役割も果たします。

## Consulting Insight
### 〜安直なKPIマネジメントに対する違和感〜

　コロナ禍以降、業務の見直しに着手するところが増えているようです。DX推進の動きと相まって、これまで手つかずになっていた「業務プロセスの見直し」もトレンドのひとつとなっています。

　そんな中、わかりやすさから「KPIマネジメント」を取り入れようと、相談を受けることも増えています。その内容は具体的には「KPIツリーをつくりたい」というご要望に落ちてくるのですが、そもそものKPIの定義や設定の考え方に、刷り込まれた先入観というか、誤解を恐れずに言うと、"誤った常識"があるような気がしています。
　その根本的な問題を指摘せずに、ご要望のKPIツリーを作成するだけでよいのだろうかコンサルタントとしての良心の呵責に苛まれることもあるのです。

　KPIツリーの欠点は、分解要素が細かくなりすぎ枝葉の論議に陥りやすいことです。また、一見論理的ではないが感覚的に影響があるとわかる、定性的な要素との関係性をうまく描き出せないも問題です。

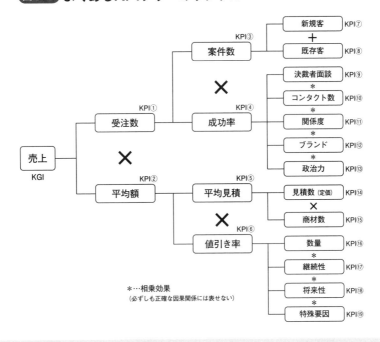

**図5-8** よくあるKPIツリーのサンプル

```
                                                    ┌─ 新規客    KPI⑦
                                    ┌─ 案件数 ──────┤   ＋
                                    │   KPI③        └─ 既存客    KPI⑧
                                    │
                                    │                ┌─ 決裁者面談  KPI⑨
                                    │                │   *
                    ┌─ 受注数 ──────┤                ├─ コンタクト数 KPI⑩
                    │   KPI①        │                │   *
                    │               └─ 成功率 ───────┤─ 関係度    KPI⑪
                    │                   KPI④         │   *
                    │                                ├─ ブランド   KPI⑫
      売上 ─────────┤                                │   *
      KGI           │                                └─ 政治力    KPI⑬
                    │                   KPI⑤
                    │               ┌─ 平均見積 ─────┌─ 見積数(定価) KPI⑭
                    └─ 平均額 ──────┤                │   ×
                        KPI②        │                └─ 商材数    KPI⑮
                                    │
                                    │                ┌─ 数量     KPI⑯
                                    └─ 値引き率 ─────┤   *
                                        KPI⑥        ├─ 継続性    KPI⑰
                                                     │   *
                                                     ├─ 将来性    KPI⑱
                                                     │   *
                                                     └─ 特殊要因   KPI⑲
```

＊…相乗効果
（必ずしも正確な因果関係には表せない）

　よくあるKPIツリーの例を図にしてみました。

　いかがでしょうか？　一般的なKPIの考え方（常識のウソ？）とは違う指摘なので、戸惑われたかもしれません。しかし、結果の数字に近いところで、細かいKPIをいくらいじくり回しても、実は意味はありません。

　KPIを運用しながらも、その効果に違和感を覚えていた方も多いはずです。結果KPIではなく、勇気をもって正しい行動KPI（プロセス指標）を使ったKPIマネジメントに進化させることを、じっくり考えてみることをおすすめします。

## 5章のまとめ

□ 業績アップの処方箋（5段階）：
　　①できる営業のプロセスを「標準化」
　　② 見える化ツールで「見える化」
　　③ 組織内で勝ちパターンを「共有」
　　④「人財育成」による営業力強化
　　⑤「カイゼン・徹底」をプロセス評価で支える

- - - - - - - - - - - - - - - - - - - - - - - - - - - -

□ 業績アップの特効薬：
　　答えは、営業プロセス"見える化"マネジメントを
　　徹底すること。

- - - - - - - - - - - - - - - - - - - - - - - - - - - -

□ 業績アップの方程式 ＝（案件数増 × 金額増 ×
　　成約率の改善）÷ 商談期間の短縮
　　まずは、量を増やすために案件数を増やす。
　　次に、本書に書いてあることを徹底して質を上げる。

- - - - - - - - - - - - - - - - - - - - - - - - - - - -

□ 製造と営業の違い
　　［製造］プロセス主義：
　　①標準化 ②見える化 ③カイゼン
　　　＋ ノウハウ共有（組織力）
　　［営業］結果主義：
　　①属人的 ②ブラックボックス ③結果しか見ない
　　　？　個人のがんばり（個人力）

- - - - - - - - - - - - - - - - - - - - - - - - - - - -

# 6章

プロセスで行なう
「人財育成」

―― 勝ちパターンを共有し、営業力を強化する

# 01 標準プロセスを 人財育成に活かす

## ■ 基本を無視した旧態依然の人財育成

　人財の成長なくして、真の意味での業績改善なし。誤った成果主義や目先の結果主義のため、人財育成がおろそかになったことが、失われた時代の真因であることは１章で述べました。

　少し重複するところもありますが、重要な点なので再確認しながら深掘りします。

　２章の３次元プロセス分析法の特徴でも述べたように、**標準プロセスが人財育成の基本の型**になります。OJT・研修や人事評価と連携を取るためのつなぎ役（媒体）にもなります。

　また、標準プロセスを仕事の課題や改善点を話し合うための**共通言語**として活用することで、コミュニケーションが活発になり、チーム力・組織力強化につながります。

　ビジネスの世界においても、人財育成のためには、まず基本の習得が大切なはずです。ところが、営業担当の育成においては、「必要な基本の型を教えないまま現場に放り出し、あとは属人的なやり方と運に任せる。時折、現場の実態に合わない机上論中心の研修を行なうだけでお茶を濁している」ようにしか見えないのは私だけでしょうか。

　スポーツでも習い事でも、普通はまずは基本から始めるもの。そうでなければ間違った我流のやり方に陥ってしまいます。

　やり方もわからないまま一から独学で学び試行錯誤するのでは、迷路

図6-1 標準プロセスと人財育成

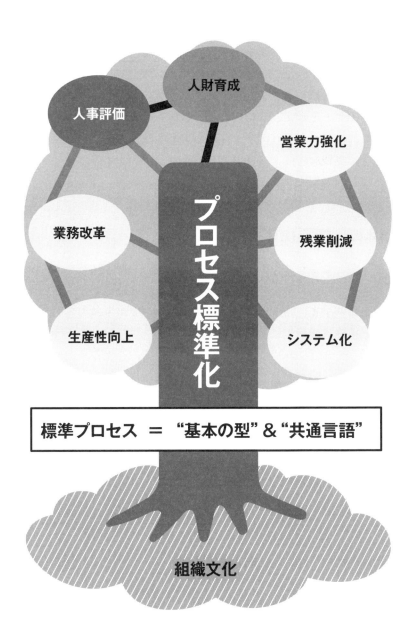

に入りやすく途中で行き詰まってしまいます。

　プロのレベルでもスランプに陥り、結局は悩んだ末に基本に立ち戻ることがよくあります。何事も基本が大切なのは言うまでもありません。
　サッカーに例えれば、未経験の生徒がサッカー部に入部してきても、いきなりゲームはやらせません。まずは先輩へのあいさつなど基本的なルールやマナーを教え、球拾いなども経験させます。それからキック、トラップ、シュート、ヘディングなどの基本技術のトレーニング。その後、徐々に実践練習に入っていくというプロセスをたどります。
　これが普通の育成プロセスです。


## ■ 基本の型を明確に示す

　ところが、なぜかビジネスになると「即戦力」や「スピードの時代」という都合のいい言葉を使って、本来行なうべき最低限のトレーニングも行なわないまま、いきなり現場に放り込み、成果主義の名のもとに結果だけを求める光景がよく見られます。
　普通に考えればこれでうまくいくはずがなく、迷える子羊を量産するだけです。それでは、どうすればいいのでしょうか。
　まず、**会社や組織が標準プロセスとして整理した営業の基本の型を明確に示す**ことです。標準プロセスは、「成果を出しやすいプロセス」を明確にし、「やるべきこと」を漏れなく徹底するための人財育成の基本の型です。
　できる営業の勝ちパターンなので、真似するだけで成長を早めることができます。また、マニュアル好き、ツール好きな若い世代にも受け入れられやすいものです。

# 02 型で成長のスピードを速くする

## ■ 見える化ツールは単なるマニュアルではない

標準プロセスをまとめた見える化ツールは、自分で考え、行動できる自律型人財の成長を支援します。若い頃から本当に自主性をもった人財はそう多くはないので、正しい型を教えることができれば、成長スピードを上げられるので、結果的に自主性も早く育まれるのです。

型の長所ばかり主張すると反発があるかもしれません。よくある意見が、「型にはめるより、社員の自主性を大切にすべきではないか。自分で考えなければ本当の成長にはつながらない」というものです。

しかし、「社員の自主性に任せて、社員一人ひとりに考えさせるのが、人道的で人財育成には有効だ」という考え方は、残念ながらすべての社員に当てはまるわけではありません。

自主性に任せてうまくいくのは、多くても組織論で言うところの2：6：2の上位の2割の社員です。その中でも実績に裏づけされた本当の自主性をもち、自己実現型社員と見なせるのは多くて数パーセントです。

人財育成は理想論では成り立ちません。現実論の世界です。社員の実際のレベルと実力（能力、やる気、自律性、自己研鑽……）を見分けることが先決です。やみくもに自主性に任せれば収拾がつかなくなり、マネジメントどころではありません。

本当にできる社員であれば正しいプロセスを見つけ、実践できるかもしれませんが、普通は経験や知識不足による勝手な思い込みで、自分が

得意なことや、もしくは好きなプロセスをよかれと思って実践するものです。

　また、若手社員の多くは、「やり方をわかりやすく提示してもらった方が楽だ」と考えています。この点についてはこの後、詳しく解説します。

　自社の組織の中を見渡してみても、本当に自主性を発揮して働いている社員は限られているはずです。自主性を重んじすぎると逆に人が育ちません。"自主性の罠"とも言えるのでご用心を。

　また、型というと、融通のきかないマニュアル的なものを想像する人も多いようですが、決してそうではありません。

　標準プロセスは社員の行動を型にはめたり、創造性を奪ったりはしません。現代の営業は顧客ニーズに敏感に反応しながら柔軟に対応する必要があるので、教科書的なマニュアル通りに進むほど単純ではないからです。

　経済環境の変化や社員の成熟度に応じて、標準プロセスそのものも変化していきます。標準プロセスは、ファストフード店のような型にはまったマニュアルではなく、時々の**状況に合わせながら変化・改善させていく「変化対応型の型」**だと言えます。

　標準プロセスはできる営業になるために参考にする**「勝ちパターンの基本型」**であり、さらに上のレベルや創造型社員を目指す自己研鑽のための**「創造的なルーティン」**とも言えるものです。

> **Column** 「習＋守・破・離」という考え方
>
> 　武道では基本を学び、身につけてからその人なりの創意工夫を行ない、技量を高めていきます。「習＋守・破・離」という考え方です。
> 　「習＋守・破・離」の考え方と日本人にとっての「型」に関する象徴的な指摘を引用しましょう。

『「習＋守破離」で、まず「型」を"習"う。そして、まず手本となる「型」を身につけて"守"る。型がしっかりと身について初めて、新たな型を超える様々な試みを行う"破"に入ることができる。そして、最終的に"離"として、新しい独自のやり方を創造することが可能になる。』（『「型」と「場」のマネジメント』日本ナレッジ・マネジメント学会編、かんき出版）

『日本人は「型」というものが好きな民族だと思います。というのも、まずは「型から入る」というのが、何事かを身につけるうえでの、日本人の一般的なアプローチの方法だったからです。型が多くのファストフードのマニュアルと違う点は、型を身につけることで、型に見合った精神性を持つことが期待されているということです。』（『Works 100 interview』熊倉功夫、リクルートワークス研究所）

こういった考え方と同様に、営業でも標準プロセスを共通言語や共通理解の基礎として教育トレーニングを行ない、日々のコミュニケーションを図り、勝ち・負けパターン分析やノウハウを共有しながら生産性の向上を図るべきではないのでしょうか。

## ■ バスルートで行く近道

かつての高度成長期までは、「社員は工夫や失敗をくり返しながら、自分で考え成長していく。上司は必要なアドバイスを与え、部下の成長を暖かく見守る」という中・長期的な視点に立った育成が可能でした。

しかし今は、新人・中途社員の育成にかけられる時間は限られています。

できる社員のノウハウを、会社が「標準プロセス」として整理して定め、社員が「やるべきプロセス」「集中すべきプロセス」を明確にした上で、実行するように推奨する方が環境と時代に合っていて効率的です。

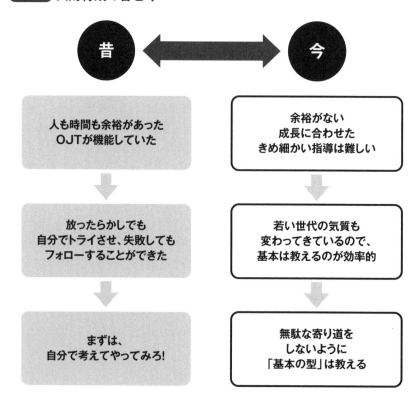

**図6-2** 人財育成の昔と今

昔 ⟷ 今

| 昔 | 今 |
|---|---|
| 人も時間も余裕があった OJTが機能していた | 余裕がない 成長に合わせた きめ細かい指導は難しい |
| 放ったらかしでも 自分でトライさせ、失敗しても フォローすることができた | 若い世代の気質も 変わってきているので、 基本は教えるのが効率的 |
| まずは、 自分で考えてやってみろ! | 無駄な寄り道を しないように 「基本の型」は教える |

　今の営業現場はやることが増え、混乱を極めています。レベルに差がある営業全員に「自分で考えて行動しろ」という前時代的な指導法は、時代遅れもはなはだしく、責任放棄と取られても仕方がありません。
　富士山を自分の足でふもとから登るのは貴重な体験ですが、時間がたっぷりある人だけができるぜいたくな選択肢です。バスで5合目まで行き、そこから自分の希望やレベルに合わせて上を目指すのが今時の賢い選択肢と言えるのではないでしょうか。「富士山の5合目までの近道（バスルート）」が見える化ツールなのです。

## 図6-3 富士山の5合目までの近道

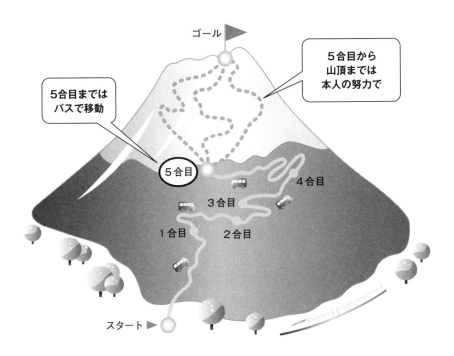

ゴール

5合目から
山頂までは
本人の努力で

5合目までは
バスで移動

5合目

4合目

3合目

1合目

2合目

スタート ▶

# 03 人財育成の４点セット

## ■ 研修だけでは人は育たない

　人財育成というと、「OJT・研修」を連想しがちですが、それだけでは人財育成はうまくいきません。

　じゃあどうするかというと、この図のようにまず人財育成のベースとなる「プロセスの見える化」を行ない、「OJT・研修」「人事評価」「DXツール」と連動させて、４点セットにするのが効果的です。

　それでは、この４つの要素をそれぞれ見ていきましょう。

**図6-4** 人財育成の４点セット

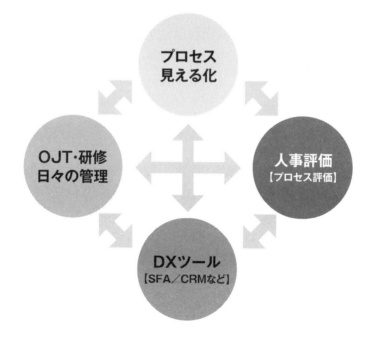

## ■「OJT・研修」のよくある欠陥

人財育成といっても、営業の場合はきちんと体系立てられた教育システムが確立されている会社は少なく、ほとんどが現場の上司や先輩社員によるOJTに依存しています。

OJTの最大の欠点は、教える側であるインストラクターの質（当たり外れ）による差が大きいことです。本人同士の相性もあり、OJTのみで人財育成を行なうのは不確実性も高いのです。

「実績を上げ続け、聞けばわかりやすく教えてくれるし、おまけに人柄も尊敬できて面倒見もいい」。運よくそんな理想的なインストラクターに当たればいいのですが、そのどれか1つを備えていればいい方で、反面教師についた場合は、自分自身で考え、試行錯誤しながら遠回りするしかありません。

また、上司や先輩も忙しいので、以前ほどは部下の育成に時間をかけられないのが現実です。このような状況下で人財育成が経営課題として挙げられ、効率的な解決手段が求められているわけです。

OJT以外では、すぐに研修を連想しがちですが、はたしてそれだけで十分でしょうか。かねてより研修は、その実践的な有効性や費用対効果に対する疑問が指摘されています。

**「研修の目的は、業績改善に貢献できる人財を育てること」**であるはずですが、研修を行なうこと自体が目的化しているようなケースがあるのが気になります。

研修の内容自体は受講者が満足できるものも多いのですが、どんなによいプログラムでも、1回限りの単発の研修だけでは打ち上げ花火のようなものです。1ヶ月もすればそのほとんどの内容を忘れてしまいます。忘却曲線の話ですね。

とはいえ、研修を受けた社員はそれなりに気づきとやる気をもって職場に戻ります。そして研修で教えられたことをその後の業務に活かそうとします。

**図6-5** 人財育成の目的と課題・疑問

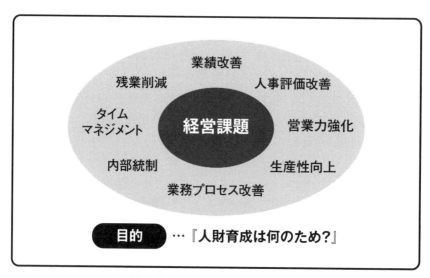

業績改善
残業削減　　　　　　　人事評価改善
タイム
マネジメント　　経営課題　　営業力強化
内部統制　　　　　　生産性向上
業務プロセス改善

**目的** …『人財育成は何のため?』

👍 業績改善に貢献する人財育成
👍 研修が目的化?　他施策との連携?

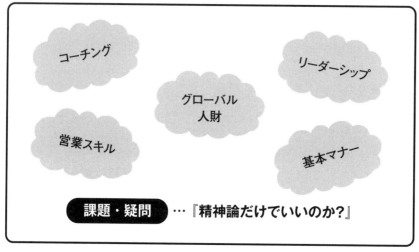

コーチング　　　　　　　　リーダーシップ

グローバル
人財

営業スキル　　　　　　　　基本マナー

**課題・疑問** …『精神論だけでいいのか?』

👍 効果が続かない
👍 継続させる仕組みが必要

ところが、上司の「研修もいいが、今月の目標達成は大丈夫か？」というひと言ですべてが水の泡。目標数字を追いかけなければならないという現実に引き戻されます。

　せっかく学んだことを活かす機会に恵まれず、これまでと同じ仕事のやり方をくり返すパターンに戻るのに、それほど時間はかかりません。

　社員には「いい映画を見た」時に感じるような満足感は残りますが、せっかく時間とお金をかけた研修の効果はあまり長くは続かず、しばらくすると何事もなかったかのように忘れ去られてしまうのが落ちです。

　また、必ずしも業務内容を熟知した講師が研修を行なうとは限らず、研修タイトルは変えてあるものの、よく言えば汎用性の高い、悪く言えば、あまり具体性のない一般論に陥りがちだという実態もあります。

　外部講師が一般論やその人の持論をベースにした研修の場合は、研修を受ける会社の業務内容をよく知らず言葉も違うため、心に刺さりにくいものです。

　テーマごとに異なる担当者と専門家が、それぞれの思いとメソッドでプログラムを用意するため、全体から見ると一貫性に欠ける点も大きな問題です。言葉も統一されずバラバラになりがちです。部分最適的な研修の集合体になるわけです。

### ■「プロセス見える化」が育成効果を最適化する

　プロセスの見える化には役割が２つあります。まず１つ目は、**プロセスの標準化・見える化で「人財育成の基本の型」をつくる**ことです。

　「できる営業の行動パターン」を基本の型として整理して、マネさせるだけで、営業員の成長スピードを早めることができます。そして、その結果として業績アップがついてきます。

　２つ目は、バラバラの研修内容を統一することです。普段の業務で具体的に活かせるようにし、なおかつ効果を長続きさせるものが必要になります。その橋渡し役を果たすのが見える化ツールです。

つまり見える化ツールを、**テーマの異なる研修の会社としての方向性やコンセプトを統一する上位概念**として、また**研修設計の前提として知っておくべき基本的な共通理解**として、あるいは、**個別の研修プログラムを普段の業務に活用するための橋渡し**として、活用するのです。

　また、プロセスシートを使い、関連する業務を俯瞰しながら、全体最適につながるよう方向性と言葉の統一を図ります。

　その上で、OJTや研修で学ぶべきことを手引きにもきちんと反映させ、日々の業務の中でやるべきことを標準プロセスに分解してわかりやすくまとめます。

　さらに、標準プロセスは、普段の業務を進める中で疑問に感じている点や、理解が不十分なところがある時、上司や先輩、同僚に尋ねるなどして理解を深めていく際の手助けにもなります。漠然と質問するよりも、標準プロセスという共通言語で、質問する部下も指導する上司も具体的なポイントを示しながら話ができるので、理解のズレもなくなります。

　この後で詳しく記しますが、上司と部下では重要だと考えているプロセスによくズレが出るものです。立場と責任が違うと、同じ目標に向かっていても重要視するポイントが違っているのです。

　そこで見える化ツールの出番です。基本の型と共通言語があれば、仕事を進める上での理解や意識のギャップが少なくなるので、視点の違いを示して、ズレを修正しながらチームとしての方向性を合わせていけるのです。


## ■「人事評価」で支える

　見落としがちですが、**人財育成をプロセス評価で支えることはとても重要**です。人財育成のために標準プロセスの取組を徹底させようとして、上司がいくら「プロセスが大切に」と唱えても、人事評価が従来通り「結果の数字」しか見ないのであれば、営業にとっては面倒くさいことが増えるだけで、何のメリットもありません。メリットがなければ、真面目に取り組もうとする社員が少ないのは当然です。

そのため、本来の意図が理解されずに、「なんか面倒くさいな〜。適当にやっておこう」くらいにしかとってもらえず、失敗につながるケースも出てきます。

　特に、最近の複雑化する提案型営業は、扱う商品によりますが、3〜6ヶ月、場合によっては1年以上にわたる長い時間を要することもあり、単年度評価ではその貢献に十分報いることができません。

　結果が出るまでの、途中のプロセスも評価してくれなければ、氷山の下にある見えにくいプロセスにコツコツと真面目に取り組む社員のモチベーションが上がるはずがありません。

　だから、人事評価でも人財育成を支えなければならないのです。ただ、問題提起だけしても仕方がないので、対応策も説明します。

　本書では「見える化」と「プロセス評価」をドッキングさせた「進化したプロセス評価」、という独自の評価制度を提唱しています。

　進化したプロセス評価には、3つの特徴があります。

①結果を担保する「できる社員のノウハウ」を、"標準プロセス"として整理する

②標準プロセスを、"基本の型"＆"共通言語"として人財育成に活かす

③標準プロセスへの取組を、データ化＆見える化して、人事評価にリンクさせる

　人事評価については8章でさらに詳しく説明します。


### ■「DXツール」でデータ見える化する

　SFA／CRMなどの営業支援システム（以下"DXツール"）は、「OJT・研修」＋「プロセス見える化」＋「プロセス評価」を連携させながら回していくための、大切なプラットフォームになります。

　DXツールの大切な役割のひとつは、営業活動を見える化することです（実際は数字の集計ツールと化していますが、もったいない話で

す）。営業がどういうプロセスに時間を使っているのか、やるべきこと
がちゃんとできているのか、データ化することで客観的に判断すること
ができます。

　営業が顧客と折衝している"有効営業時間"の測定や、「できる営業」
と「できない営業」の行動パターンの違いをデータで見ることができま
す。こういったデータを使って、セルフマネジメントやコーチングする
ことが可能になります（有効営業時間については131ページ「有効営業
時間がどれくらいあるか、ご存じですか？」、コーチングについては119
ページ「成績が上がらない部下へのコーチング」を参照）。

　DXツールをうまく活用すると、このようなデータがリアルタイムで
見られるようになります。

　そして、人財育成を人事評価で支えることの大切さも前述しました
が、DXツールで収集した営業の活動データは、プロセス評価の評価項
目としても使えます。

　また、行動分析のグラフやチャートにすることで、人財育成のための
貴重なフィードバック手段としても活用するのもおすすめです（詳しく
は、208ページ「⑤人財育成用　プロセス分析データ」を参照）。

　人財育成の関連要素は個別に最適化されがちですが、そのことに気づ
いている人は多くはありません。責任者や担当者が縦割りの組織で分か
れている場合が多いからです。

　「プロセス見える化」「OJT・研修」「人事評価」「DXツール」という
人財育成に必要な４つの要素がバラバラに運用されていて、効果的につ
ながっていないケースがほとんどなのです。

　人を育てるためには、この「４つの要素」をバランスよく連携させる
のがポイントです。人財育成の基本の型を標準プロセスで示し、その取
組をDXツールでデータで見えるようにする。そしてプロセス評価で支
える。それが営業力強化や営業の底上げを図る場合の「成功の秘訣」
です。

# 04 「重要なプロセス」の考え方は上司と部下では違う

## ■ 上司と部下の意識のズレの原因

　他の章や前項でも簡単に触れましたが、「やるべきこと＝重要なプロセス」の考え方は、上司と部下の間ではズレがあります。理由は上司と部下の視点と意識が異なっていることです。

　まず、部下は自分が担当している業務、例えば、実務的なプロセスが大切だと考えがちです。もちろんこれは自分の担当業務に真面目に向き合い、誇りをもっていれば当然のことです。

　一方で上司は、過去の成功や失敗の経験から、数多くあるプロセスの中でも優先順位があることがある程度わかっています。例えば、資料作成より、顧客が本当に欲していることのヒアリングや、決裁者などキーマンの意向を、案件の行方を左右するより次元の高いプロセスとして注視しているのです。

　そして、業務の全体像がつかめているか否かの差もあります。これが経験的要素に加え、上司に求められるマネジメント能力のひとつとも言えるものです。

　こう考えると、上司と部下で重要だと考えるプロセスにズレが生じるのは自然だとも言えます。このズレを前提としてとらえると、「やるべきこと」が明確化されていない方が問題だという真因に行き着きます。

## ■ 上司の背中では学べない

　上司も悩まずにはいられません。自分が育てられた時は当たり前であった、厳しい指導は今の時代、ご法度。本人のためによかれと思って叱責しても、すぐにパワハラ呼ばわり。自分はていねいに教えてもらったことなどないのに、自ら指導法を模索するしかありません。かつてのような「上司の背中を見ろ」「技は目で盗め」ではもう通用しません。

　人間は好むと好まざるとにかかわらず、それ以外の方法を知らない場合、自分が体験したのと同じ仕打ちや扱いを無意識に行なってしまう傾向があると言われます。
　例えば児童虐待問題において、「過去に虐待を受けた人が自分自身も虐待をくり返す確率は1/3。残りの2/3も無関係ではなく、違う形で何らかの影響が出る」という世代間連鎖のデータがあります。
　児童虐待と本項のテーマを直接関連づけるには無理があると思われるかもしれませんが、要は、かつて若い頃に何も教えられず、「上司の背中を見て勝手に育て」と言われた人間は、自分が部下を育てる立場になった時には同じことをやってしまう確率が高いということです。

　ビジネスの世界なので、いわゆる虐待レベルまでいくケースは稀にせよ、まともに部下を育成できない状況を組織として見て見ぬふりをすれば、本質的には虐待に近い、すなわちネグレクトと呼ばれる放置状態にしてしまうリスクが1/3の確率で考えられるというのは、放っておけません。
　人財育成を個人任せにせず、組織的な対策を施すことへの警告サインのひとつととらえることが大事です。

## ■ 見える化ツールが「営業のテキスト」の役割を果たす

　研修を行ない、マニュアルを与え、自主性を信じて本人だけに考えさ

せる人財育成のやり方には限界があります。ですが、新人でもわかるように営業業務の全体像とノウハウを体系的にまとめた、本当に必要な「営業のテキスト」を用意できている会社はごく稀です。

教え方も上司によって差があります。仕事ができるのとわかりやすく教えるのは別ものであり、違う能力が求められます。

しかし、成果を出しやすいパターンをわかりやすく伝えることができれば、営業の底上げは可能です。

では、どうすればよいのでしょうか。

上司と部下で重要プロセスのとらえ方が違うのは当然。「わかるのが当然」ではなく「わからないのが当然」と発想を変えることです。そして、"できない人＝やり方がわからない人"に向けて仕事のやり方の具体的なプロセスを「営業のテキスト」にまとめ、人財育成の"基本の型"と"共通言語"としてわかりやすく見せるのです。

営業のテキストづくりも楽ではないかもしれませんが、営業ノウハウの蓄積を怠ってきたこれまでのツケを、これ以上延ばすことはもはや許されません。競合に打ち勝ち生き残りたいなら、人財育成は待ったなし。

目先の仕事にとらわれ、本来必要な時間と手間を惜しめば、中長期的に組織に返ってくる被害は取り返しがつかないほど大きくなります。

「ノウハウが蓄積できない」「人が育たない」「ヒアリング・提案などの顧客対応レベルが低下している」。このような状況を放置して無策のままで、緩慢なる衰退から死を待つだけでいいのでしょうか。

これからは「営業のテキスト」を作成して、質問が苦手でマニュアル好きな若手社員だけでなく、誰にでもわかりやすく、やるべきことを示すことが、人財育成の基本であり、業績改善のための必須条件なのです。

**見える化ツール**がそのテキストの役割を果たします。

# 05 新人育成にも役立つ プロセス見える化

　ただでさえ部下を育てる余裕がない状況なのに、さらに「ゆとり世代」「さとり世代」とも言われる若手をどう育成すればいいか、という新たな課題も追い打ちをかけます。

　詳しくは専門書に譲るとして、プロセスがらみ、人財育成の観点に焦点を絞り、営業リーダーが最低限理解しておかなければならない「若手の象徴的な特徴」を3つ紹介します。

・「マニュアル好き」だが、成長意欲が高い

　かつては「型にはめられたくない」という考え方が自律的で健全だと考えられていましたが、ゆとり世代は逆に、「ノウハウを提示してもらった方が楽だ」と思っています。自分のことを客観視できるので、**“基本的なことがわかっていない世代”**だという自覚もあります。

　会社に過度の期待はしていない反面、社内での出世という狭い世界ではなく、「外へ出て他の会社に移っても、どこでも通用する人財」を目指している傾向もあります。

　本当の能力を求めているので、仕事の本質といった根源的なことを知りたいという成長意欲が高いのです。ですから、仕事の意味を伝えずに「いいからやれ」ではなく、**できるだけ全体像を見せ、社会貢献につながる意義を理解させる**ことがコツです。組織の歯車や意思をもたない道具ではなく、業務全体の中で自分の貢献度を認識させることが大切です。

　「内容的に難しいので理解できないのでは」とか、「まだ早いのではな

いか」という配慮は不要です。情報処理能力に長け、知的レベルが高いので、情報量が多くても戸惑わないといういい面をもっています。

　反面、全体像や情報を提供してもらわないと、指示されている仕事の本当の意味を理解するのが苦手な面があります。意味がわからないとやらされ感が増し、言われたことをきちんとやらないという悪いパターンに陥ります。

　ポイントは、できる営業（他社でも通用する尊敬される営業）になるための参考書や指南書として**見える化ツールをしっかり用意する**こと。そして仕事のベースとして、やるべきこと、当たり前のことをわかりやすく示すことです。

　自分が育てられたのと同じように育てる、という発想は捨てなければなりません。


・「**質問できない世代**」だから、やるべきことを示す

　「わからないのならどうして聞きにこないのか」「わからないことがあれば自分から質問するのが当然」。そういうふうに教えられた営業リーダー世代は理解に苦しむかもしれませんが、ゆとり世代は**"聞きたくても聞けない世代"**だという指摘があります。

　なぜでしょうか？　ゆとり世代は繊細で考えすぎてしまう傾向があるので、質問が苦手なのです。自分への評価を気にする、特にマイナスの評価を恐れるというこの世代の特性もあるようです。話の内容を理解していないと思われるのがいやなのです。

　「変なことを言ってはいけない」「間違ってはいけない」という意識が強いというのは、繊細な一面とともに自尊心の高さを表わしています。

　自分のやり方が正しくないことに必要以上に不安を感じ、ＳＮＳで人とのつながりを大切にする世代。他人から「いいね！」的なフィードバックを求める反面、間違っていないはずだと信じることができると、自分だけでやり通そうとする面ももっています。

　ゴールを自分で達成したいという心意気は、自律精神を示すものであ

り成長の原動力。営業リーダー世代も若い頃は同じ気持ちをもっていたので理解できるはずです。

ただしその理解が、上司が求めているものとずれていると問題です。この章で強調しているように、意識がずれているのは普通なので、その前提で上司が先手を打つべきです。ポイントはまず**標準プロセスを示すこと**、次に、「**やるべきこと」の明確化**です。そして、それがちゃんとできているかのプロセスマネジメントです。

「標準的なものがよい」という無難な教育を受けているので、標準プロセスを示すことで迷いがなくなります。質問のきっかけや疑問点も具体的になるので安心して質問もできるようになります。

上司も「ここに書いてあるよ」という指摘が簡単なので、余計な質問対応や何度も同じことを言うストレスから解放されるメリットもあります。


・「ほめてもらいたい世代」なので、プロセス指標を示す

ほめられて育ってきた世代なので、もっとほめてもらいたいと考えています。ほめてもらわないと、自分のやっていることが正しいのかどうかわからず不安になってしまうのです。ポイントは「**結果だけでなく、プロセスもほめる**」こと。

給料を上げるのは簡単ではありませんが、ほめるのはタダです。「ささいなことでほめるは本人のためにならない」という古い考え方は捨てましょう。面倒くさいと感じるかもしれませんが、常に若者は変わっていくもの。営業リーダーは時代の変化に合わせて進化するのが仕事であり、さらに上を目指す条件です。割り切って**"プロセスをほめてやらなければならない世代"**だと考えて接してください。


プロセスを追っていけば結果に到達できるように、**段階的な小さな目標やチェックするプロセス指標を設定**し、それができれば大きな進歩でなくてもほめてあげる。まず結果よりプロセスです。やるべきことをスモールステップとして一緒に設定して、ゲーム感覚で進捗を進めていき

ましょう。コミュニケーションのひとつの進化形だと考えてみてください。

　報連相をしっかりするのはビジネスの基本ですが、ゆとり世代には期待しすぎない方がいいようです。しかし、これはゆとり世代に限りません。いつの時代も報連相がしっかりできていないから上司は口うるさく言うのです。

　営業活動や案件進捗が問題なく進んでいるかどうかを確認し、マネジメントするのは営業リーダーの義務です。確認してきちんとできていればほめる、できていなくてもトライしていることや前回よりは進んでいることを認める。これがこれからの人財育成の基本です。

　ほめられて悪い気のする人はいません。厳しく教育するのは日本が大きく間違った戦時教育以降の悪い流れであり、誤った常識のひとつでもあります。そろそろ厳しく育てなければならないという呪縛から自分を解き放ち、心のスイッチを「叱って管理」から「ほめながら育成」に切り替えてみてはいかがでしょうか。

　「叱るより、ほめて伸ばす」。これが今時の人財育成の常識です。8章で制度としての"進化したプロセス評価"の必要性を詳しく説明しますが、まずは営業リーダーが、小さなプロセスでも「ほめることを基本にした人財育成」を明日から実践することです。

# 06 | ほめて育てるは 正しいのか？

## ■ ほめて育てる？

「ほめて育てる」が今時の人財育成の新常識となってからしばらく経ちます。教育を受ける若手からみれば、確かに直感的にはその方が好ましいように感じます。「自分はほめられて伸びるタイプです」と言う人もよくいます。

ただし、言うは易し行なうは難し。育てる側からすると、ほめるだけですくすくと育ってくれれば苦労はありません。変にほめればつけあがり、少し厳しくするとパワハラ呼ばわり。現実はそう簡単にいかないので、みなストレスを抱えながら悩んでいるわけです。

教科書的に言えば、「ほめるところはほめ、改善すべき点はしっかり教えた上で、必要に応じて時にはそれなりに厳しく」というのが答えではあります。

とはいえ、本人のためによかれと思ってもちょっと厳しく指導すると、受け手の取り方次第で、パワハラ呼ばわりされるリスクがあります。そうした世間の風潮に合わせることが求められるので、現実的には優しさの比率が高くなり、安易にほめる方向に流れがちです（わかりやすく言うと、甘やかしすぎ）。

育成責任のある上司や先輩から見れば、明確な尺度がないがゆえに、実にさじかげんが悩ましいところです。

## ■ ほめられるだけではもの足りない

一方、育てられる側も、本音ではほめられるだけではもの足りなく感じています。成長意欲の高いゆとり世代・Z世代は、自分の実力アップ、キャリアアップにつながるような経験を望んでいるので、ゆるすぎる職場は人気がありません。

仕事が楽すぎて、ここにいても成長できないと感じる会社は、すぐに見切って辞めてしまうそうです。

「じゃあ、どうすればよいのか？」——**具体的に正しいプロセスを示し、プロセスをほめる**ことです。面白いことに、ほめるといっても、**結果だけをほめるのは逆効果である**ことが、学術的に研究されています。

その根拠を『学力の経済学』（※）の該当箇所を適宜修正、引用しながら解説します。同書は主に子どもや学生を対象に、科学的根拠（以下、"エビデンス"）に基づき、教育を経済学的に分析する論理を展開しています。

## ■ ほめて育てるは正しいのか？

そもそも、なぜ「ほめて育てる」ことが支持されているのでしょうか？

「子どもをほめて育てると、自分に自信をもち、様々なことにチャレンジできる子どもに育つ」という考え方が基本にあるようです。一言で言うと「自尊心を高める育成法」ということです。

しかし、**「自尊心を高めると学力が高まる」というエビデンスはほとんど存在しません。**

それどころか、「自尊心と学力の関係は相関関係にすぎず、因果関係は逆である。学力が高いという原因が、自尊心が高いという結果をもたらしている」という身も蓋もない結論が研究（フロリダ州立大学バウマイスター教授ら）で出され、仮説は否定されています。

## ■ むやみにほめるのは逆効果

さらに、同研究では「子どもの自尊心を高めるような取り組みは、時に学力を押し下げる負の効果をもつ」と警鐘を鳴らしています。

加えて、「悪い成績を取った学生に対して、むやみに自尊心を高めるようなことを言うと、事実を反省する機会を奪うだけでなく、根拠のない自信をもった人間にしてしまう」という負の効果があることが、別な実験（バージニア連邦大学フォーサイス教授ら）で裏付けられています。

わかりやすく言うと、「あなたはやればできるのよ」などと、根拠もなく子どもをほめると、実力のないナルシストを育てることになりかねないということです。

性善説に基づく新常識やこうありたいという理想論的な意見は耳には心地よいものですが、その前提を不都合なエビデンスを示しながら理論的に覆されると、心にグサッとくるのではないでしょうか。


## ■ 能力ではなく、達成した内容をほめる

ただし、これはほめることを否定しているわけではありません。**重要なのは「ほめ方」**です。

ほめ方に関する実験結果も興味深い結果を示しています。「子どものもともとの能力（＝頭のよさ）をほめると、子どもたちは意欲を失い、成績が低下する」というのです。論文のタイトルは、その名もズバリ『能力をほめることは、子どものやる気を蝕む』（コロンビア大学ミューラー教授ら）。

子どもをほめる時には、「あなたはやればできる」ではなく、「今日はちゃんと1時間も勉強できたね」のように、**具体的に子どもが達成した内容を挙げることが重要**だそうです。そうすることによって、**さらに努力を引き出し、難しいことでも挑戦しようとする子どもに育つ**、という知見には示唆するところが多いと感じます。

## ■ 結果とプロセス、どちらにほうびを与える?

「テストでよい点を取ればごほうび」と「本を読んだらごほうび」。このうち、子どもの学力を上げるためにはどちらが効果的でしょうか?

直感的に考えれば答えは前者ですが、ハーバード大学フライヤー教授の実験結果は逆でした。学力テストの結果がよくなったのは、テストの成績を上げるために必要なプロセスである本を読むことに、ほうびを与えられた子どもたちの方でした。

ちなみに、上記質問は営業では、「結果を出せば評価する」「結果につながるプロセスをちゃんとやったら評価する」と言い換えられます。

この実験で、なぜ、「テストでよい点をとる」という結果にほうびを与えることは効果的でなかったのでしょうか?

本を読むというプロセスにほうびが与えられる場合、何をすべきか明白です。本を読めばよいわけです。一方、テストの点という結果にほうびが与えられる場合は、何をすべきか具体的な方法は示されていないのが問題です。

ここから得られる重要な教訓は、**「結果そのものではなく、結果を出すためにやるべきこと(プロセス)を示した上で、実際行なった取組に対してほうびを与えるのが効果的だ」**ということです。


## ■ 結果にほうびを与える時は、まずやり方を教える

さらに、実験後の調査によると、結果にほうびを与えることがうまくいかなかった理由がハッキリと示されていました。

結果にほうびを与えられた子どもたちは、今後どうするかという問いに対して、「しっかり問題文を読む」「解答を見直す」などの、テクニックについての答えに終始していました。

「わからないところを先生に質問する」「授業をしっかり聞く」というような、本質的な学力の改善につながる方法までは、考えが及んでいないのでした。

ここで、「だとすれば、本質的な方法を教えればよいのではないか」という仮説が浮かんできます。

　これについては、次のような見解があります。

**「目標のためにどのように努力すればよいか具体的に教えてくれる指導者がいる場合は、結果にほうびを与えても学力が改善する。つまり、結果にほうびを与える場合には、まず、どうすれば結果を挙げられるのか具体的に方法を教え、導いてくれる人が必要である」**（ニューヨーク市立大学ロドリゲス准教授の研究）


## ■「いい上司」に出会うと人生が変わる

　営業やビジネスだけでなく、何事でも才能のあるなしという話に陥りがちです。「できる人」は特別視されやすく、「あの人だからできるので、自分には才能がないから無理」とあきらめてしまう人もいます。

　学生時代の勉強に例えれば、生まれつきの頭のよさや、家が裕福で教育にかけるお金があるかなど、遺伝や環境に左右される要素も確かにあります。

　ただ、生まれついての才能だけで片づけてしまうと、そこで話は終わり、思考停止に陥ります。すべて「才能」のだというのであれば、夢も希望もなく誰も努力しようとません。

　一方、教育分野には、子ども自身ではなんともならない制約を取り払い、ポテンシャルを開花させることができる要素があります。「先生」という大切な存在です。実際、素晴らしい先生に出会って、ある教科やスポーツが好きになり、人生が変わったという話はよく聞きます。

　才能がすべてではなく、ある分野に興味をもち、時間を使って打ち込めばその道の達人になることができます。人の能力は実はそれほど変わりません。想いをもち覚悟を決めて、あることにつぎ込んだ時間が大切なのです。

　どんなに才能があっても、努力しなければ大成することはできませ

ん。才能がなくても、正しい努力を行なえばその道のプロになることができます。

　ビジネスに言い換えると、「いい上司や先輩、同僚に会って、正しい仕事のやり方を教えられれば、人生が変わる」ということです。
　では、「いい上司」とは、どんな上司を指すのでしょうか？
　私はその仕事が好きになる「気づき」のきっかけを与えられることがひとつの条件だと思います。
　あることを契機に仕事の面白さに気づくと、もっと自分の能力を上げたいという探求心が芽生えます。すると自発的動機に動かされるので、他人に強制されなくても自然と努力するようになります。
　そして、もうひとつの条件。他人と比較するのではなく、昨日より今日、今日より明日と以前の本人と比較して、一つひとつのプロセスができればほめてやり、成長していることをフィードバックして、着実に成長させられる上司こそが「いい上司」なのだと考えられます。
　ただし、各上司の個人的な素養（属人性）に頼ってはいけません。**組織で教えることやほめるプロセスを標準化・見える化して、上司の育成の指針をそろえる。そうすることで、結果を出すための正しいプロセスを示し、ほめながら育てることが可能になります。**

　　　※参考文献『学力の経済学』（中室牧子、ディスカヴァー・トゥエンティワン）
　　　本コラムでは長くなるので割愛しましたが、同書では科学的研究やエビデンスの内容について詳しく書かれています。深掘りしたい方は同書を読んでみてください。

# 07 いつの世も変わらない 人財育成の本質

## ■ 結果を出さない人間にものを言う資格はない

　営業リーダークラスには、「ゆとり世代」「さとり世代」というと、理解しにくい印象があるかもしれません。しかし、冷静になり自分が新人だった頃におかしいと感じたこと、あるいは、本当はこうやって教えてもらいたかったことを思い出してみてください。

　私自身の経験を紹介しましょう。私は1961年生まれですが、実は新人類世代（1961 ～ 1970年生まれ）の1年目に当たります。
　大学を卒業し、やる気と希望に満ちて会社に入り、早速仕事を覚えようと燃えていました。ところが、課長から言われた最初の言葉は、何と「うちは何も教えないから」。
　当然、業務のやり方を示す資料などまったく存在しません。教育は2年上の先輩のOJTのみでした。聞けば書類のつくり方などは教えてくれますが、どうにも仕事の全体像がつかめません。やらされている仕事の位置づけや重要性がまったくわからないのです。
　そこで仕事へ理解を深め、成長するために何か資料がないか先輩に尋ねてみたところ、「これでも読んでみれば」と、ドサッとファイルの束を渡されました。少し気後れしながらも早速読んでみましたが、脈絡のない文章と枝葉の話ばかりで眠たくなるばかり。
　それでも他に参考文献はないので仕方なくファイルを読み解いてみると、業務自体はパターン化が可能なのに、まとめられておらず、同じような過ちをくり返していることに気づきました。

そこで、「標準的なやり方を資料にまとめてノウハウを共有しながら、同じミスをくり返さないように、プロセスを改善した方がよいのではないでしょうか」と提案すると、上司からは「難しいことを言うやつだな。営業は結果がすべて。まずは結果だ。結果を出さないやつには生意気なことを言う資格はない。プロセスを語るなど10年早い」と突き放されました。

納得がいかないので他の人にも相談してみましたが、結局まともな答えは返ってこずじまい。「情報やノウハウの共有」を真面目に取り上げようという雰囲気はなく、むしろ当時は、情報やノウハウといったものを必要以上にもったいぶり、あえて隠しているようにも感じました。


## ■ 新人営業の素直な疑問

さて、昔の話はこれくらいにして、現在に立ち戻り、当時私が感じた疑問を整理すると、以下のようにまとめられます。

- 仕事の全体像・やり方がわかる俯瞰図・手引書がない
- 担当業務の位置づけや優先順位がわからない
- 役職ごとにやるべきことや将来像が見えない
- 上司が求める、あるいは、評価される行動パターンが不明確
- 業務の標準的なやり方が存在しないので、各人が一から考え、試行錯誤するしかない
- その結果、非効率なやり方をくり返し、効率が上がらず進歩もない
- 「どうしてもう少し頭を使って考えないのだろうか？」という漠とした疑問はみんなの頭の中にはある

……などなど。しかし、これらはよくよく考えてみると、「昔から、そしてこれからの時代も、育成される新人や20代の若手が求めるものは同じではないのか」という仮説にたどり着きます。

効率的に人財育成するためには、「俯瞰図や手引書といった業務プロ

セスを見える化するツールは、組織として当然そろえておかなければならない必須アイテムなのではないか」。そう考えると解決のヒントが見えてきます。

さらに言えば、業務プロセスを見える化するツールは、これまでは見よう見まねや我流で人財育成をせざるを得なかった、ミドルクラス以上の営業リーダーにとって福音の書になるはずです。あらためて業務全体を見直し、効率的な営業を行なうためのマネジメントツールにもなるわけですから。

## ■「精神論・根性論」より理論的な教育

ちょっと話が戻りますが、これに関連して学生時代の体育会系クラブ活動について疑問に感じていていたことを思い出しました。理不尽な下級生指導や扱い（いじめ）に対する行動が2派に分かれることです。

典型的なのが、自分が先輩からいじめられたから、下級生にも同じことをするタイプ。つまり、後輩をいじめる「同じことをくり返す派」。

もうひとつは、体育会的な理不尽ないじめはやめた方がいいと考え、適度な先輩・後輩の関係は維持しながらも、合理的思考で悪い慣習を変えていこうとする「少しでもよくする派」。

今、求められるのは、後者であることは異論のないところでしょう。

管理する側の視点だけでなく、育てられる側、すなわち若手の側の視点に立つと、意外に見落としがちな人財育成におけるキーポイントが見えてきます。営業リーダーは自分が部下だった頃、特にまだ業務の全体像がわからなかった新人や20代だった当時の気持ちをまず思い出してみることです。

営業リーダーも自分が若かった頃、何も与えられないまま理屈の通らない精神論や根性論で理不尽に厳しく育てられるより、体系立てられた資料を使った理論的な教育を受けたかったはずです。

標準化とは、今日入社した新人でもわかるように仕事のやり方が整理されていることなのです。

　人財育成というテーマに関し、ゆとり世代・さとり世代に象徴的にスポットを当てて考えてきましたが、実は、「新人 → 20代の若手 → 中堅社員 → 課長クラスの管理者 → 部長以上の営業リーダー」という、すべての階層に共通する本質的な課題と解決の糸口の話だとも言えます。

## 6章のまとめ

- [ ] 見える化ツールの役割：
  人財育成の基本の型・営業の勝ちパターン・
  営業のテキスト・研修プログラムの橋渡し役など。

- - - - - - - - - - - - - - - - - - - - - - - - - - - - - - - -

- [ ] 人財育成は個別最適化されがち。
  「プロセス見える化」「ＯＪＴ・研修」「人事評価」
  「DXツール」という４点セットをバランスよく連携
  させることが大切。

- - - - - - - - - - - - - - - - - - - - - - - - - - - - - - - -

- [ ] 「やるべきこと ＝ 重要なプロセス」の考え方は、
  上司と部下の間ではズレがある。
  ギャップを埋めるのが見える化ツール。

- - - - - - - - - - - - - - - - - - - - - - - - - - - - - - - -

- [ ] すべての営業は、体系立てて理論的に教えてもらいた
  い。いつの時代も人財育成の本質は変わらない。

- - - - - - - - - - - - - - - - - - - - - - - - - - - - - - - -

# 7章

進化し続けるための
プロセスの「カイゼン」
──プロセスはつくって終わりではない

# 01 プロセスの
カイゼンと進化

## ■「見える化ツール」は一度つくれば終わりではない

　4～6章で、できる営業のノウハウを見える化ツールにまとめ、どうやって業績改善や人財育成に活かすかについて解説しました。

　しかし、見える化ツールができたからといって、業績アップの仕組みが完成したわけではありません。ようやく営業プロセス"見える化"マネジメントを行なっていくための基礎ができたにすぎません。

　7章では、業績アップ5段階の⑤「カイゼン・徹底」について解説します。土台をきちんと固めた上で建物を築き上げていくように、ここが標準プロセスを継続的に改善していくためのスタート地点となります。

　また、できる営業のプロセスを見える化ツールにまとめたといっても、完璧なものではありません。プロセスは常に変化していくもの。その時々の状況や時代のニーズの変化に合わせ、進化させなければすぐに時代遅れになってしまいます。見える化ツールを組織で共有し、他のメンバーの意見を取り入れながら、常にブラッシュアップしていくことが、見える化ツールの鮮度を保ち、進化させるコツです。

　**見える化ツールは一度完成させれば終わりではありません。秘伝のタレのようにつぎ足しつぎ足し、改善しながら、よいものを取り入れながら進化させていくものです。**決してつくっただけで終わりにしないでください。

図7-1 カイゼンのスパイラルタワー

## ■ カイゼンサイクルを回す重要性

　本書では、このようなプロセスの改善をスパイラル的に行なっていく
ことを「**カイゼンサイクル**」と呼びます。

　しかし残念ながら、こういったカイゼンサイクルの重要性を頭ではわ
かっていても、実践できている会社は少ないのが現実です。

　新しいやり方や制度を取り入れること自体がゴールとなってしまい、
そこで終わってしまうケースがいかに多いことか。

　プロセスができるとその後は、「お疲れさま。ここまでやればもう大

丈夫なはず。あとは現場でがんばってもらおう」とプロジェクトチーム
も解散。担当していた社員も責任から解放されて、「やれやれ、やっと
終わった」と安堵してしまいがちです。

　しかし、カイゼンサイクルは継続的に回していかなければ意味があり
ません。営業プロセスを見える化しただけでは、本当の意味での浸透は
望めず、期待した効果もすぐには出ません。油断をするとまたもとに戻
ってしまいます。

　うまくいかない場合、その理由が見える化ツールのせいにされてしま
うこともあります。ひどい場合は、問題が解決しないどころか、もっと
悪化したという事態にもなりかねません。


## ■ 新しいツールの定着には時間が必要

　本来なら、見える化ツールの最初のバージョンを構築した段階から、
社員に抵抗なく受け入れられ、機能するのが理想的なのですが、建てた
だけでは住み心地のいい家にはならないように、**最初の頃の効果は限定
的になるのが普通**であることを認識しておいてください。

　見える化ツールをつくっても、社員が本当にその本質を「理解 → 実
践 → 徹底」できるようになるまでにはそれなりの時間がかかります。
頭では理解できても、すぐ結果を求めてしまう「結果管理」から脱却す
る意識改革にも時を要します。

　どんなマネジメント方法でも同じで、最初の導入の際は新しいことや
変化に反対する抵抗があり、簡単にはうまくいかないものです。それで
も**あきらめずに辛抱強く、社員たちに受け入れられるように徹底してい
く泥臭さも、成功させるためには必要**なのです。


　見える化の即効性に大きな期待をしている人には少しがっかりする話
かもしれませんが、これが今までの経験を通しての現実です。

　だからこそ、地味で退屈な話だと感じるかもしれませんが、カイゼン
サイクルを回すことの大切さをここで強調するわけです。

# 02 プロセスの成熟度モデルの6段階

## ■ 自社のプロセスの見える化はどのレベルか

プロセスの見える化がどの程度のレベルまで進んでいるかを把握する尺度として、成熟度モデル（CMMI＝Capability Maturity Model Integration）というとらえ方があります。

もともとはソフトウェア開発におけるプロセス管理のための概念でしたが、昨今では営業、サポート、財務・経理など他の業務におけるプロセス改善にも応用されるようになっています。

成熟度は、レベル0まで含めると、6段階で定義されます。
具体的に営業に当てはめると、以下のように解釈することができます。次ページの図7－2と一緒にご覧ください。

【レベル0】
……プロセスの大切さや標準化の必要性はあまり認識されていない。
　　属人的な対応が基本なので、同じミスをくり返し、無駄も多い。

【成熟度レベル1】（初期）
……プロセスの大切さは認識されているが、まだ個別対応のレベル。
　　組織的に標準的なやり方を整理する動きはない。

【成熟度レベル2】（管理された）
……目標に向けた管理は行なわれるが定性的。
　　できる社員やベテランなど一部の人間は自分なりのやり方を確立していて、個人的に教えている状態。組織的には共有されていない。

**図7-2 プロセス成熟度モデルの6段階**

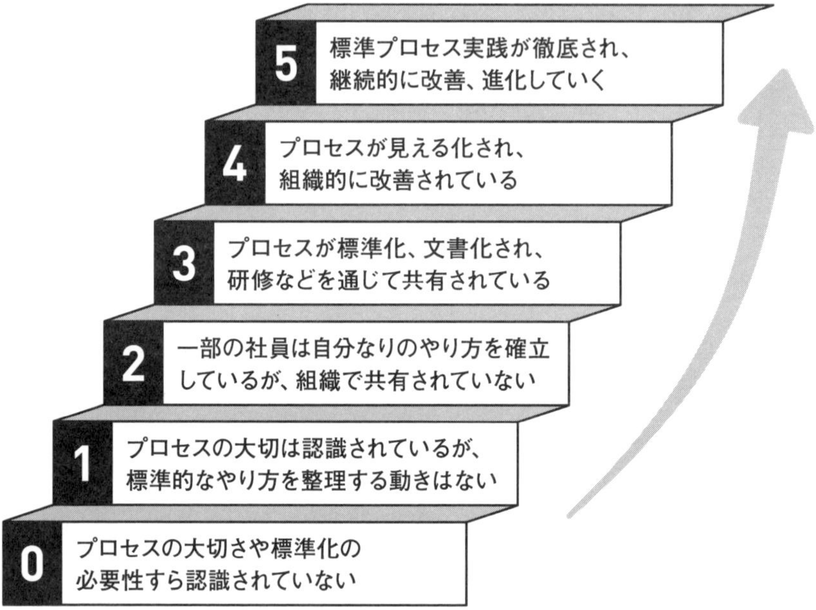

5 標準プロセス実践が徹底され、
継続的に改善、進化していく

4 プロセスが見える化され、
組織的に改善されている

3 プロセスが標準化、文書化され、
研修などを通じて共有されている

2 一部の社員は自分なりのやり方を確立
しているが、組織で共有されていない

1 プロセスの大切は認識されているが、
標準的なやり方を整理する動きはない

0 プロセスの大切さや標準化の
必要性すら認識されていない

※参考文献　Software Engineering Institute『開発のためのCMMI® 1.3版』
（CMMI-DEV, V1.3　より良い製品とサービスを開発するためのプロセス改善　2010年11月）

【成熟度レベル3】（定義された）
……プロセスが文書の形でようやく定義・標準化された状態。
　　研修・OJTなどを通じて組織の関係者で共有され始めている。
【成熟度レベル4】（定量的に管理された）
……標準プロセスを実践し、進捗が見える化されているため、結果の予
　　測が可能になっている状態。目標や結果がデータで定量的に測ら
　　れ、プロセスも改善されている（プロセスマネジメント開始）。
【成熟度レベル5】（最適化された）
……プロセス改善が継続的に行なわれ、最適化に向けて、さらに進化し
　　ていく状態。標準プロセスの実践が徹底され、改善も当たり前のこ

ととして組織に浸透している。

　さて、あなたが所属する会社や組織の、プロセスの見える化の成熟度レベルははたしてどのあたりでしょうか？　普通はレベル1やレベル2が多いのではないでしょうか。

　3次元プロセス分析法によるプロセスの標準化・見える化はレベル3〜5を狙うものです。一足飛びにレベル5には到達できませんが、まずはレベル3に挑戦し、その後、一段ずつ階段を昇っていくことです。
　その先には、営業リーダーがうるさく言わなくても、継続的に業績を伸ばすことのできる"自律分散型組織"の誕生が待っています。

# 03 「見える化」という イノベーションを 阻む壁

## ■ プロセス主義を組織にどう広めるか

　営業リーダーが見える化を推進しようとすると、壁に突き当たることがあります。それは「プロセスの見える化の本質的効果を理解し、業績改善に活かすことができる人間はまだそれほど多くはない」という壁です。

　**プロセス主義の大切さに気づき本質を理解できるのは、イノベータータイプの人間**です。官僚的な保守派や慎重な現状維持派にも理解され、世の中で当たり前と思われるレベルまでは、まだ広まっていません。その意味で、プロセス主義は、営業分野におけるイノベーションとも言えるものです。そして、結果主義に対するアンチテーゼでもあります。

　それを組織の中でどう広めていくかについては、組織文化とも密接に関係してくるところであり悩ましいところですが、「イノベーター理論」と「キャズム」、あるいは、「ランチェスター理論」の考え方が参考になります。ご存じの人も多いと思いますが、簡単にその要旨を紹介しておきましょう。

## ■「普及率16%のライン」を越える

　1962年に、当時スタンフォード大学の教授だったエベレット・ロジャースが提唱した「イノベーター理論」では、新商品購入に対する消費者の態度をもとに購入の早い順から、消費者を次のように5つに分類しました。

①イノベーター（革新者）（2.5%）

②アーリーアダプター（初期採用者）（13.5%）

③アーリーマジョリティ（前期多数派）（34%）

④レイトマジョリティ（後期多数派）（34%）

⑤ラガード（最後の採用者）（16%）


　別名、①テクノロジー・マニア（おたく）、②オピニオンリーダー（ビジョナリー）、③実利主義者（慎重派）、④保守派（懐疑派）、⑤伝統主義者（因習派、採用遅延者）という呼び方もあります。

　このうち、①イノベーターと②オピニオンリーダーの2つの層を合わせた16％を越えた段階で、イノベーション（新しい技術や製品、考え方）は急激に普及していくとし、この16％の層にいかにアピールするかがポイントだとしました。

　これが「**普及率16%のライン**」と呼ばれるものです。


　この「イノベーター理論」が提唱された約30年後の1991年に、アメリカのマーケティング・コンサルタントであるジェフリー・ムーアは、著書『キャズム（Crossing the chasm)』で、②**オピニオンリーダーと③実利主義者の間には深い溝のようなものがある**とし、これを「キャズム（大きな割れ目の意味)」と呼びました。


　また、①イノベーターと②オピニオンリーダーで構成される市場を「初期市場」、③実利主義者以降、④保守派 ⑤ラガードからなる残りの市場を「メインストリーム市場」と区別しています。

　新しい製品が全体の1/3である「初期市場」に留まらず、残り2/3の追随者などで占められる「メインストリーム市場」にも広く普及し成功するためには、このキャズムを越えられるかどうかが勝負の分かれ目になるということです。

　この溝を越えるためには、新しいものそのものに興味があるわけでは

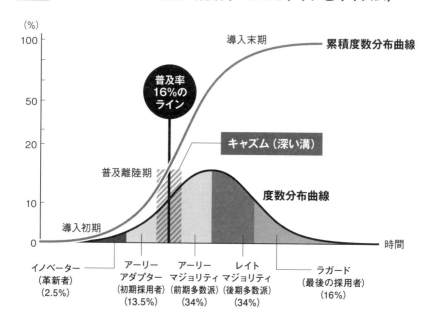

**図7-3** イノベーションの普及（普及率16%のラインとキャズム）

なく、それを使って確実に成果を上げたいと考える、安定志向の③実利主義者に受け入れられるようなマーケティング・アプローチが必要だとしています。

　この考え方を応用すると、**プロセス主義を組織内で広げるためには、まず組織の16%の層に働きかけ共感と理解を得て、導入の社内コンセンサスを形成する必要がある**ということです。
　その後、実利主義者の理解も得て社内で広げていくために、「プロセスの見える化がどう成果につながるか」をわかりやすく説明するとともに、社内政治も含めた社内マーケティングを行なうことが必要になる、と応用解釈することができます。

## ■「市場シェア理論」を応用してシンパを増やす

「イノベーター理論」と「キャズム」は主に技術的イノベーションのマーケティングを想定したものです。これだけでも本質的に理解力のある営業リーダーには十分かもしれませんが、複合的な視点から見ることで論旨に厚みをもたせるために、さらに、「ランチェスター理論」を応用して社内理解者を増やしていくアプローチも加えておきます。

「ランチェスター理論」はイギリスのエンジニアだったフレデリック・ランチェスターが発表した軍事戦略理論をもとに、日本のコンサルタント田岡信夫氏が市場シェア理論を加えたもので、競合に勝つための販売戦略やマーケティング理論として営業分野でもよく活用されています。

社内での理解者を増やすことは、いわば社内営業とも言えるもの。市場シェア理論を応用して、社内のシンパを増やすことの大切さを補足・強調しておきたいと思います。

そこで以下のように、シェアの数値目標を立てる上で7つのシンボル数値とその一般的な定義に加え、プロセス主義の浸透のケースに置き換えて私なりの解釈を加えてみました。

①独占シェア（上限目標）：74%
　**独占シェア、最終的な目標**
　　……プロセス主義が完全に組織に浸透し、組織の特徴、DNAと言えるレベルに到達。
②寡占シェア（安定目標）：43%
　**安定的なトップシェア、首位独走が目標**
　　……実践者が4割を超えれば、プロセス主義もほぼ組織に根づいた状態。人が代わっても踏襲され、安定期に入ったと言える。

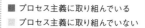

**図7-4** 段階的な取組シェアの改善

■ プロセス主義に取り組んでいる
プロセス主義に取り組んでいない

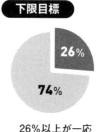

**下限目標**

26%

74%

26%以上が一応
トップシェア（まだ不安定）

**影響シェア**

11%

89%

11%以上で存在が市場に
影響を与え出す（影響シェア）

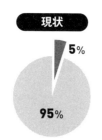

**現状**

5%

95%

7%以下では存在価値
が認められない

「あることを真実だと思う人の数が一定数に達すると、
それは万人にとっての真実となる。それを導くのは
知恵ある人々の気づきと行動である」
【百匹目の猿現象】（ライアル・ワトソン/シェルドレイク）

③トップシェア（下限目標）：26%

**トップシェアの最低目標、安定した状態ではない**

……プロセス主義が理解され組織に受け入れられたが、まだ組織構成員の1/4程度であり、心底納得していない向きも多く安定していない。営業リーダーの交代や数字の落ち込みでまた逆行してしまうことも。

④上位グループシェア（上位目標）：19%

**ドングリの背比べの中から上位の仲間入り**

……組織論の2：6：2における上位2割の層に理解され、プロセス主義の導入が本格化。リーダー層が理解し組織の方針として指示するので、残りの6割の層にも理解され、浸透するスピードがアップしてくる。

⑤影響シェア（影響目標）：11%

**市場の中でその存在が影響を与え出す数値**

……プロセス主義の重要性が組織内で認知され、論議も始まる。しか
　　し、まだ心の中では懐疑的な人間も多い。

⑥存在シェア（存在目標）：7％

　**競合に存在を認められるが、影響力はない**

　　……イノベーターやオピニオンリーダーが、プロセスを大切にする考
　　え方を個人的に実践し、結果も出し始めるが、まだ非主流派扱い
　　のレベル。

⑦新規参入シェア（拠点目標）：3％

　**市場参入段階**

　　……結果を出すためにはプロセスも大事だということに気づく。ほと
　　んどの組織でこのレベルは越えている場合が多い。しかし、まだ
　　まだ頭の中での理解の域で、あくまでも従来の結果の数字重視の
　　考え方は変わらない。


## ■ 社内シェアを増やす過程で見える化ツールを活かす

　このようなシンボル数値を参考にすると、プロセス主義をどういう段
階（社内理解者シェア）を経て、社内に浸透させていくかという目標設
定が具体的にイメージしやすくなるのではないでしょうか。

　例えば、プロセス主義に対する社内認知度が、まだ5％の現状で不十
分である場合は、まずは⑤**影響シェア**である11％を目指し、理解してく
れそうな人を選び、課題の共有や意見交換を行ないます。

　次に、③**トップシェア**の26％を目標に、組織マネジメントに影響力の
ある営業リーダークラスの社内のキーマン中心に説明、理解の輪を広げ
ていきます（社内の理解者を増やす具体的目標は、シンボル数値にこだ
わる必要はないので、切りよく10％、15％、25％としてもいいと思いま
す）。

　その過程で見える化ツールは、次のように社内の理解を得るためのわ
かりやすい共通言語として、心強い味方になってくれます。

・プロセスの見える化がどう業績アップにつながるのかのロジックをわかりやすく示す
・業績につながるKPIを正しく設定するための論議のベースになる
・業績改善を目指す上での課題を明確化する
・研修や営業会議に取り込み、営業担当を育てる方向づけになる

　見える化ツールの活用法は、このように多岐にわたります。
　ちなみに社内浸透度（シェア）は、営業リーダーの中で見える化を実践している人数や、その営業リーダーが率いる部署のイノベーションを活用した実績値の比率などで測ることが可能です。

## Consulting Insight
### ～（人の3つの理解方法）見る人・聞く人・読む人～

　プロセス主義を浸透させる過程で、時折不思議な現象が起こります。パレートの法則（2：6：2の法則）における、上位2割の中の本当のトップ層2～3％と、それ以外の層のレベルの差が広がってしまい、このことが結果的に組織内での浸透を妨げるのです。

　組織のイノベーターである経営や営業リーダーなどのトップ層は、視点が高く営業のみならず経営的な視点からプロセスを見ようとします。情報・経験・深く思考する時間が増えるため、それらの相乗効果で本質理解がさらに高まり、目指す求めるレベルも高くなります。

　一方、その他の層は普段の業務や目標数字達成に必死なので、あまり目線が上がりません。本来は社員全員が見える化ツールを読み込みそらんじられるくらい、使い込んでほしいのですが、本当の意味で理解できるのは、上位2割と将来の上位2割の予備軍である中間6割の一部ではないでしょうか。

　ドラッカーは仕事の理解の仕方は人によって違い、「読む人」「聞く人」がいると言います。人に新しいことを伝える場合、私はこれに加えて、「見る人」を加えるべきだと思います。

　上位のできる人たちは「読んだり聞いたりするだけでわかる人」ですが、その他の人には、見える化ツールの内容を噛み砕いた、見聞きしや

すく、もっとわかりやすいサポートツールを用意する場合もあります。例えば、営業で外出中にタブレットなどで簡単に見ることのできる3〜5分程度の動画や、マンガ冊子などはハードルが低く、若い人でも見聞きできます。

　プロセス主義の本質がすぐには理解できない人の方が多いという前提に立ち、幅広いレベル感に合わせたわかりやすいツールの整備も、本格的なプロセスの浸透を目指すためには将来的に必要になります。

※参考文献 『経営者の条件』（P.F.ドラッカー、ダイヤモンド社）

## ■ 社内の抵抗勢力が「見える化」に反対する理由

　ところで、その大切さに気がつきながらも、営業現場ではなぜ、プロセスの見える化への取組があまり進まないことがあるのでしょうか？

　この疑問に目を向けないままカイゼンの大切さを訴えたり、プロセス成熟度モデルや社内浸透度シェアの話をしても、単なる机上の教示になり、現場の心を打たないかもしれません。

　そこで視点を変え、「見せたくない側」の気持ちになって考えると、その理由が見えてきます。社内の抵抗勢力がプロセスの見える化に反対する理由としては、これまでのコンサルティング現場での経験からすると、以下の3つのパターンに集約されるようです。

### ①結果数字の呪縛から逃れられない

　**目先の結果主義**の根強い悪影響で、自分の在任中には結果の数字を下げたくないなどの利己的な理由があります。経営者や営業リーダーが自分のことしか考えていない組織で働く社員は不幸です。

　人財育成を含めた中長期的な視点の欠如やプロセスの無視による問題が露呈しているかどうかは別として、こういう会社は緩慢な衰退の道を歩むことになるでしょう。不祥事の発生や組織の破綻は時間の問題です。

抜け出す糸口としては、営業プロセスの見える化が業績アップにつながるストーリーの本質的な理解、これにつきます。

## ②面倒くさい

　「忙しいのでプロセスの標準化にかける時間がない」「現場に負担がかかる」「うちの営業はまだそんなレベルに達していないので無理」など、反対派はもっともらしい理由を並べたてます。

　本当は本人が、プロセスの見える化の本質を理解せず、面倒くさそうなのでやりたくないだけ。こうした人は問題をすり替えて、できない理由を説明するのがとても上手です。

　現場に気を使っているそぶりを見せますが、中長期的に組織にとって「本当に必要なものは何か」という、責任当事者として決して失ってはいけない大切な視点が欠如しているのです。

　さらに考えてみると、営業マネジメントに対する真摯さ、特に本気で営業力を強化しようという思いも欠けています。あるべき方向に組織を動かす問題意識と行動力のなさを露呈しているのも同然です。

　その実体は、近視眼的・事なかれ主義という悪い意味で社内の空気を気にする"保守派"、あるいは、余計な仕事は増やしたくない"楽をしたい派"、または、やる気のない"評論家"と言えます。

## ③プロセスを見せたくない

　自分のちょっとしたノウハウを隠したがる、一世代前の古い営業のタイプも、一部にはまだ存在するようです。

　組織的なノウハウ共有のメリットを知らないのは不幸です。人と共有し教えることでフィードバックを受け、また他人のやり方を学ぶことで、現状に満足せず、自らもさらなる高みを目指すことができます。

　くり返しになりますが、営業一人のノウハウなどたかが知れています。社内競争という目線の低い戦いではなく、組織全員のチームワークで抜本的な業績アップを狙う必要性や、営業は個人力から組織力の時代に変わっていることにまだ気づいていないのは思考停止を意味し、変化

対応ができていない証拠です。

　それに、自分のプロセスを見せたくないというのは、本当のできる営業ではありません。

## ■「総論賛成、各論反対」派を動かすには

　社内の抵抗がはっきりとわかる形を取るとは限りません。むしろ営業の見える化自体については、総論としては反対する人は少ないかもしれません。ただし、現実的に動こうとすると話は別です。

　「総論賛成、各論反対」というやつです。特に、おためごかしを言う前述②の保守派や楽をしたい派が耳元でささやく、プロセス主義を骨抜きにする無責任な言葉が一番の敵です。「現場は忙しいので仕方がない」というもっともらしいあきらめ論に惑わされないよう十分注意してください。

　**プロセスの見える化は、現場の忙しい原因を具体的なプロセスで特定し、生産性を上げ、残業を減らす良薬なのです。「見えない」から忙しいのです。**

　イノベーターやビジョナリーは、アナロジー（類推力）を備えているので、みなまで聞かずともすぐ連想できるのですが、「キャズム」で言うところの実利主義者以下に対しては、**プロセスの見える化が業績アップにつながるロジックをわかりやすく説明した方が理解を得られやすい**のです。このことを忘れないでください。

　「どうしてわからないのだ」「あいつは頭が悪い」とイライラし、怒りをぶつけてみても事態は変わりません。他人のせいにして現実から逃げないことです。

　まずはわかりやすい説明の仕方を工夫しながら、共感の輪を広げる社内プロセスを粘り強く踏まなければなりません。

　目先の結果主義の壁は高く、崩し難いもの。正論を唱え現場の自主性に期待するだけでは、プロセス主義はいつまでたっても浸透しません。

最後は、経営者と営業リーダーの確固たる思いと覚悟が問われます。

　わかりやすい社内説得と社内マーケティングをくり返し、粘り強い組織内政治力も必要不可欠です。

　様々な考え方・生き方の人が混在する会社という組織においては、イノベーターやビジョナリーはしょせん16％以下の少数派です。

　現場には、結果至上主義という「組織風土の変革＝プロセス主義へのDNA進化」を阻む手ごわい輩が存在します。正論は一面的な見方にすぎず、考え方の違う反対派を納得させることは容易ではありません。


## ■ 抵抗勢力を巻き込む

### 「抵抗勢力をどうとらえるか？」

　わかりやすいので、「抵抗勢力」という言い方をしていますが、自分の方から「あいつは敵だ」という壁をつくっているだけで、本当の意味での抵抗勢力は存在しないのかもしれません。

　反対する人は確かにいますが、必ずしも理不尽な話ばかりではありません。よく話を聞いてみると、その人なりに予想される事態や発生しそうな問題を真剣に考えて、けっこうまともな見方や意見をもっている場合も多いのです。

　例えば、「今の業務にこういう悪影響がある」「変化が予想されるが、手間が増えるので大変だ」「波及効果が予測できないので心配」など、いろいろ問題点を指摘してくれます。そういう意味では「抵抗勢力」というよりは、「不安な人達」というのが正しいとらえ方かもしれません。


### 「話を聞き、解決の方向性を一緒に探る」

　どうやって組織を良くするか考えるよりも、出されたアイデアに対してもっともらしい問題点を指摘して、ダメ出しする方が楽なものです。頭の中だけで考えていると、「いろいろ問題がある」ように感じるのも確かです。しかし、実際文字にして書き出し整理してみると、考えていたほどでもなかったりします。普通はそういった意見や不安は多くても数個くらいに集約されます。

出された疑問に対して、「じゃあそれはどう対応していけばよいか」、ひとつずつ一緒に考えながら相談してみてください。みなさん「会社をよい方向に変えていきたい」という根っこのところは同じはずなので、心配意見にも正対して真摯に話を続けていくと、自然に前向きな方向になってくれることも少なくありません。

　その過程ではきれいごとだけでなく、最初は愚痴や悪口も出ます。教科書的には「そんなことを言っても仕方がないから」と、それを止めがちなのですが、それはそれで必要なプロセスなのです。

　無理に止めずに最初に吐き出しておいてもらった方が、経験上はのちのちうまくいくように感じます。逆に無理に封印してしまうと、不満が心の底に残ったままなので、必ずどこかで爆発してしまうのです。

　会社や組織をよくしようと思っている人であれば、そのうち自分の方から「いつまでもこんなことを言っていても、何も改善しませんね」と気づき、建設的な雰囲気に変わっていくケースもよくあります。

## 「反対派を味方につけた方が得」

　「否定せずに、ちゃんと自分の意見を聞いてくれた」という受容感が感じられるプロセスが考えている以上に重要なのです。

　抵抗する意見は現場から出がちですが、違う意見にも向き合っていくと、現場からでしか出ないような現実的な解決案も提案してくれるようになります。それをちゃんと拾って解決策を練っていくと、最初反対意見を言っていた人が逆に味方として助けてくれるようになったりするので面白いものです。説明や情報が不足しているので不安になり、それが理由で反対派になっている場合もあるのです。

　要は、変に敵視せず、抵抗勢力／反対派の人達を味方につけた方が得だということです。抵抗勢力の中にはしっかりとした意見をもっている人も多いので、敵にすると手ごわいですが、味方につければ、従順でおとなしい協力者より、かえって心強い協力者になってくれる場合もあります。そうなると鬼に金棒という感じで、協力者を増やし社内浸透度を高めるのが楽になります。

## ７章のまとめ

☐ 標準プロセスはつくって終わりではない。
　見える化ツールの最初のバージョンは継続的に
　改善していくためのスタート。

- - - - - - - - - - - - - - - - - - - - - - - - - - -

☐ 自社のプロセス見える化の成熟度レベルを確認し、
　１つずつレベルを上げていき、
　自律分散型組織の実現を目指す。

- - - - - - - - - - - - - - - - - - - - - - - - - - -

☐ プロセス主義は、現場の生産性を上げながら、
　効率的に結果を出す営業分野のイノベーション。

- - - - - - - - - - - - - - - - - - - - - - - - - - -

☐ プロセス主義の定着には、理解者を増やすために
　わかりやすい社内説明や粘り強い組織内政治力も
　必要。

- - - - - - - - - - - - - - - - - - - - - - - - - - -

☐ 抵抗勢力を巻き込むためには、正対して真摯に話を聞
　く。変に敵視せず味方につけた方が得。

- - - - - - - - - - - - - - - - - - - - - - - - - - -

# 8章

## プロセスの徹底を支える「人事評価」

── 業績改善のための「進化したプロセス評価」

# 01 口で言うだけでは プロセスの見える化は 徹底できない

## ■ 人事評価でプロセスマネジメントを支える

プロセスマネジメントを進める中で、いくら経営者や営業リーダーが「プロセスが大切」と言っても、人事評価の方法が従来通りの結果の数字だけだと、現場の社員にとっては面倒くさいことが増えるだけで何のメリットもありません。

メリットがなければ、真剣に取り組む社員が少ないのは当然です。このため、プロセスマネジメントの本質が理解されずに、失敗パターンにつながるケースも出てきます。

そこで、標準プロセスの徹底を支えるため、言い換えると、業績改善というゴールを達成するために突き詰めて考えていくと、**人事評価の面からもプロセスマネジメントを支えなければならない**ということに行き着きます。つまり、プロセスの見える化と人事評価はセットにしないと効果が弱まってしまうのです。これが営業プロセス"見える化"マネジメントの根幹です。

しかし、年功序列をベースとする日本型の評価制度や、結果の数字にしか目を向けない従来型の評価制度のままでは、「目先の結果主義からプロセス主義への移行」というパラダイムシフトには対応できません。

そこで、プロセスの見える化に合った人事評価の抜本的変革を、検討しなければならないことになるのです。

## ■ よくある「"定性的"なプロセス評価」とは

　このような背景の中で、「誤った成果主義」の反省も踏まえながら、人事評価をめぐるひとつの大きな流れとして、プロセスに注目する傾向が強まってきているのです。実際、何らかの形で業務遂行のプロセスを評価項目に取り込もうと試みる会社が増えてきています。

　"プロセス評価"という言葉を聞いたことがある、あるいは、自分の会社の人事評価シートの中で見たことがある人もいると思います。

　結果だけで評価する成果主義や、がんばっていそうな人を主観で判断する定性評価の限界については多くの企業が認識していて、すでに改善を試みているケースも多いようです。そういった試みのひとつがプロセス評価なのです。

　しかしその多くは、目標管理の評価シートの中に"プロセス"という項

**図8-1　これまでのプロセス評価の課題**

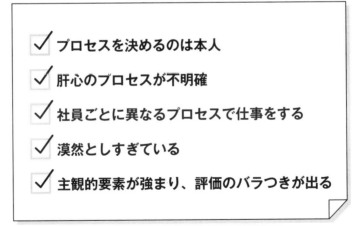

- ✓ プロセスを決めるのは本人
- ✓ 肝心のプロセスが不明確
- ✓ 社員ごとに異なるプロセスで仕事をする
- ✓ 漠然としすぎている
- ✓ 主観的要素が強まり、評価のバラつきが出る

目を入れているだけで、肝心のプロセスの中身が不明確なのです。この
ため、「プロセスとは何を指すのか？」「どうやってその進捗を測るの
か？」ということが、上司や部下の個々の判断にゆだねられています。

　当然その解釈も人によって違うので、評価のバラつきも出てきます。
プロセスと言いながら抽象的な評価基準なので、結局は、上司の好き嫌
いや日本的な義理と人情で情緒的に判断されてしまうこともしばしばで
す。すなわち、本質的にはこれまでの評価方法と何ら変わらないの
です。


　一例として、よくある"定性的"なプロセス評価の例を見てみましょ
う。図8－2は、ある大型輸送機メーカーの評価シートです。

　このように、評価シートに「テーマ」「具体的な方法やプロセス」「達
成水準」などを、担当者が自分で考えて記入するのが一般的です。

　いかがでしょうか？　読者の会社のプロセス評価シートも似たり寄っ
たりではありませんか？


**図8-2** よくある"定性的"なプロセス評価シートの例

| No. | 業務目標（本人記入） | | | 評価 | | |
| --- | --- | --- | --- | --- | --- | --- |
| | テーマ<br>（何を） | 具体的なプロセス<br>（どのようにして） | 達成水準<br>（具体的な表現で） | 本人 | 1次 | 2次 |
| 1 | | | | S<br>A<br>B<br>C<br>D | S<br>A<br>B<br>C<br>D | S<br>A<br>B<br>C<br>D |
| 2 | | | | S<br>A<br>B<br>C<br>D | S<br>A<br>B<br>C<br>D | S<br>A<br>B<br>C<br>D |

つまり、上司との話し合いはありますが、**プロセスを決めるのは基本的には本人**なのです。これでは、**肝心のプロセスが不明確で、社員ごとに異なったプロセスで仕事を進めていく**ことになります。

　達成水準についても明確な基準は存在せず、本人と上司の主観によるため、あまりにも**漠然としすぎています**。

　このように、会社が定めた明確な基準やプロセスがないと、言葉は悪いかもしれませんが、適当に評価シートに記入することができてしまうのです。**主観的要素が強く、評価のバラつきが出てしまうのは当然**でしょう。

　これでは、本当に公正なプロセス評価ができるのか、はなはだ疑問です。残念な事実ですが、現在運用されているプロセス評価の実態は、図8‐2で示したように、抽象的な定性評価の域を出ていないものがほとんどです。


## ■ なぜ"本当のプロセス評価"ができないのか

　実際のところ、多くの会社が似たような内容の評価方法を採っているため、「定性的ではない本当のプロセス評価を実践していますか？」という質問をすると、ほとんどの会社の人は口ごもります。

　私は、様々な人に自社のプロセス評価項目について話を聞いてみましたが、「プロセスという言葉は入っているが、実態は抽象的な定性評価項目のひとつにすぎない」ということを、皆さん、異口同音に認めています。

　では、なぜ多くの会社が、このようなプロセス評価もどきに留まっているのでしょうか。

　その理由として、これまで説明してきたように、会社が設計した仕事の標準プロセスがないこと。さらに、プロセスをまとめようとしても、そのやり方がよくわからないことがあります。

　このため、「プロセス評価をやっていきたいのだが、実際にやるとなると大変そうだ。本当に可能なのだろうか？」という印象をもってしま

い、本当の意味でのプロセス評価を実施できなかったのだと思います。

　成果主義を導入し、誤った運用を行なった結果、日本経済は元気をなくしてしまいました。本質的な問題を解決しなければ、真の意味での“失われた期間”は終わりません。

　しかし、悪しき結果主義から抜け出すために、今までの評価制度から抜本的な改善を図ろうとする企業も増えています。

　それは、これまでのプロセス評価をさらに進化させて、業績改善を中心とした経営課題解決にリンクさせる方向で、人事評価をもっと有効活用していこうという動きです。

# 02 プロセス評価を進化させる

## ■「進化したプロセス評価」とは

　こういった動きに呼応すべく、本書では「プロセスの見える化」「人財育成」「人事評価」をセットにした「進化したプロセス評価」を提唱します。

　進化したプロセス評価というのは、目に見える仕事の結果だけを人事評価の対象にするのではなく、結果に至るプロセスを見える化し評価することで、社員のモチベーションを高めながら、より公正かつ客観的な評価を行なおうとするものです。

　そのためには、会社の業績改善や業務効率向上につながるプロセスを標準化する必要があります。さらに、社員が実際に行なったプロセスを、データ化したり、KPIで測り、見える化します。そしてその結果を、人事評価シートに可能な限り定量的に反映して、社員の評価を行なうのです。

## ■ 進化したプロセス評価の３つの特徴

　進化したプロセス評価は、あいまいな主観による定性評価ではありません。あくまでも標準プロセスを基本とするものです。具体的なプロセス評価項目を人事評価に取り入れることで、評価者の好き嫌いといった感情を排除し、評価に対する納得感を高めることが可能になります。

　それにより、会社が認めた正しいプロセスにきちんと取り組んでいれば、成果を出すためにがんばっている普段の努力が認められるようにな

ります。

　これまでは、縁の下の力持ち的な業務で目立たなかったり、自己アピールが苦手で評価で損をしていた人でも、その働きが「見える」ようになり、貢献度が認められるようになります。

　進化したプロセス評価は、業績をアップさせ、そしてそこで働く社員を元気にするモチベーション向上の役目も果たします。

　「進化したプロセス評価の３つの特徴」を整理すると、次のようになります。

①成果につながる「できる社員のノウハウ」を、標準プロセスとして
　整理する …… **プロセス標準化**
②標準プロセスを基本の型＆共通言語として人財育成に活かす
　（進化したコンピテンシーモデル）…… **人財育成**
③結果だけでなく、標準プロセスへの取組を見える化して
　人事評価にリンクさせる …… **進化したプロセス評価**

**図8-3** 進化したプロセス評価で業績アップ

これまでのプロセス評価を変え、業績とリンクさせる新しい評価方法

# 03 プロセス評価シートの設計イメージ

　「進化したプロセス評価の必要性や特徴はわかったが、人事評価で業績改善を支えるためには、具体的に評価シートをどう設計すればいいのか」。そういった声も聞こえてきそうです。

　そこでここからは、進化したプロセス評価の具体的な評価項目の設定例を紹介しながら説明していきます。

　会社や組織によって設計内容は変わってきますが、プロセス評価の構成要素としては、①**実績**　②**プロセス指標**　③**標準プロセスへの取組**　④**定性項目**が挙げられます。

　以下で、それぞれの要素について解説していきましょう。


## ①実績（売上や利益／達成率）

　結果の数字は普通の評価制度と同じように見ます。読者も自社の営業管理資料や評価シートで見慣れている内容だと思いますので、実績評価に関する細かい説明は割愛します。

　ただ異なるのは、評価のウェイト、図8－4でいうと太線で囲った「**実績比率**」のところが**100％ではない**という点です。

　「結果の数字：プロセス要素」の割合は、役職により異なりますが、一般社員で、20：80％ 〜 0：100％、中間マネージャークラスや部長以上の営業リーダークラスで、50：50％ 〜 80：20％といったところでしょうか。

　ちなみに、結果の数字しか見ない評価の場合は、この比率が100：0％ということです。

**図8-4 ①実績**

| 案件 | | 売上 | | 目標・評価集計 | |
|---|---|---|---|---|---|
| 案件（1） | | ¥22,800,000 | | 目標数字 | ¥80,000,000 |
| 案件（2） | | ¥18,500,000 | | 実績合計 | ¥92,000,000 |
| 案件（3） | | ¥27,400,000 | | | |
| 案件（4） | | ¥23,300,000 | | 達成率 | 115% |
| 評価ランク | | 実績比率 | 50% | 実績ポイント① | |

## ②プロセス指標（KPI）

　5章で解説したプロセス指標（KPI）を評価シートに反映します。この「②プロセス指標」と、次の「③標準プロセスへの取組」を評価項目として反映させるところが、進化したプロセス評価のキモとなります。

　図8－5でいうと、「訪問件数」「新規顧客開拓数」「案件数」「提案・見積数」「成約数」をプロセス指標として計測し、目標に対する達成率を評価します。

　ここでのポイントは、「成約数」以外はまだ結果に至っていない、すなわち、**受注していないプロセス指標も評価対象にしている**ということです。

　1章の氷山の図でも比喩的に示しましたが、「結果」を出すためには水面下で見えない地道な「プロセス」の積み重ねが必要なので、まだ結果としての数字としては現われていなくても、成果の一部として評価するわけです。

## 図8-5 ②プロセス指標

| 目標項目 | 目標 | 達成数 | 評価ランク | プロセスポイント |
|---|---|---|---|---|
| 訪問件数 | 170 | 159 | B | |
| 新規顧客開拓数 | 90 | 90 | B | |
| 案件数 | 45 | 50 | A | |
| 提案・見積数 | 20 | 25 | A | |
| 成約数 | 8 | 9 | A | |
| プロセスポイント（合計） | プロセスポイント（平均） | | | |
| プロセス指標比率 | 指標ポイント② | | | 20% |

営業のプロセス指標

（グラフ：訪問件数、新規顧客開拓数、案件数、提案・見積数、成約数）

### ③標準プロセスへの取組

標準プロセスの重要な【活動】（社外・社内）にかけている時間、あるいは、回数を計測して評価対象にします。

図8−6の例では、4章で詳述した「新規顧客開拓」「ヒアリング」「決裁者向け提案・プレゼン」「クロージング」「受注・失注分析」にかけた時間を具体的な項目例として記載しています。

評価基準は、平均との比較でS／A／B／C／Dのルールを決め、ランク評価を行なう設計になっています。

3章や5章で「できる営業」と「できない営業」の活動プロセスの差をグラフで示しましたが、そのデータを活用して、各営業員の評価シートにも反映している例です。

標準プロセスへの取組も、まだ結果に至っていなくても、会社が求めていること（標準プロセス）をコツコツとやっているのであれば、正しい努力として評価で報われることになります。

**図8-6** ③標準プロセスへの取組

| 指標プロセス | 活動時間 | 平均活動時間 | 平均との比較(%) | 評価ランク | プロセスポイント |
|---|---|---|---|---|---|
| 新規顧客開拓 | 120 | 80 | 150 | B | |
| ヒアリング | 55 | 30 | 183 | A | |
| 決裁者向け提案·プレゼン | 19 | 10 | 190 | S | |
| クロージング | 55 | 30 | 183 | A | |
| 受注·失注分析 | 30 | 15 | 200 | S | |
| プロセスポイント(合計) | | プロセスポイント(平均) | | 評価ランク | |
| 標準プロセス比率 | 20% | 標準プロセスポイント③ | | | |

## Consulting Insight
### ～入力が活動プロセスデータ集計の壁～

　活動プロセスへの取組データが取れれば理想的ですが、これは上級編です。すでにSFAツールを導入していてちゃんと活用していれば、日報報告などを通して、標準プロセス取組にかけている時間を集計しグラフ化して見せることは、難しいことではありません。

　ただし、私が多くの会社を回って知っている実態は、SFAツールを本当に活用できている会社はごく少数しかないということです。プロセスマネジメントを行なう機能が装備されているものもありますが、スケジューラーと実績の集計ツール止まりがほとんどです。

　入力の手間が面倒くさいなど、ツールが使われない理由もいくつかありますが、最も大きいのは上司が活用しているかどうかということ。上司が見ていない場合、どんなにいいツールを入れても使われなくなるのは時間の問題です。

　現在はスマホやタブレットなどで外出先からでも「簡単に・手間をかけずに」入力することが可能になっているので、以前よりハードルは断然低くなっています。

　図8－6で紹介している③標準プロセスの取組まで踏み込むかどうかは、営業リーダーの本気度次第です。

　なお、②プロセス指標はエクセル管理で集計しやすいので、まずは初

級編としてKPIをプロセス評価項目として取り入れるところから開始してはどうでしょうか。

### ④定性評価

①実績、②プロセス指標、③標準プロセスへの取組だけではカバーしきれない評価要素もあります。

これまでの人事評価と同様、進化したプロセス評価においても、定性評価を評価項目の要素として盛り込む場合もあります。といっても、そのレベル感が違います。

通常の人事評価とは異なる点を1つ、例として挙げましょう。

普通の定性項目の場合、その評価基準や内容の説明は、2～3行程度の抽象的な文章だけです。このような抽象的な内容ではいかようにでも解釈できるので、公正な評価は難しいもの。

そこで、進化したプロセス評価では、あやふやな評価項目にしないために、業務タイプ・役職別に具体的にまとめた業務の定義書を用意しておきます。

4章で詳述した「標準プロセスの手引き」がその役割を果たします。標準プロセスの手引きは、人事マネジメント的には「進化したコンピテンシーモデル（営業的にいうと、できる営業のノウハウ）」ともいえるものです。

例えば図8－7では、「チーム営業」「情報共有」「部門間連携」「セルフマネジメント」という4つの項目を挙げていますが、その内容や言葉はすでに1～2段掘り下げた形で明確化されているのです。

標準プロセスの手引きに記載された内容にリンクして、定性評価項目も設計されているというわけです。

パッと見た評価シート上の言葉は似ていても、3次元プロセス分析法でしっかりと標準プロセスを定義した上での定性項目と、業務の設計図

が存在しないまま何となく設計された定性項目とでは、その具体性や定義の階層の深さがまったく異なり、月とスッポンくらいの差があります。

### 図8-7 ④定性評価

| 定性項目 | ★今期特に注力するテーマ | 評価ランク | 評価ポイント |
|---|---|---|---|
| チーム営業 | ・個人力ではなく、組織力(チーム力)による営業に取り組む<br>・自分の強みと役割を上司とともに正確に把握した上で、分業・チーム制に取り組む<br>・阻害要因のタイムリーな報告と排除への努力・工夫 | | |
| 情報共有 | ・属人的な経験値やノウハウをわかりやすく形式知に変え、共有する<br>・標準プロセスを共通言語として学習して活用し、修正、改善を提案する<br>・ノウハウ浸透の仕組みづくり、見える化ツールの活用 | | |
| 部門間連携 | ・社内関連部門と連携すべきプロセスの明確化と対応範囲の再確認<br>・技術部門との連携強化のために、相手の立場に立った相談・報告・情報交換・対応<br>・トラブル発生前の危険信号情報のいち早い提供 | | |
| セルフマネジメント | ・プロセス分析データを活用して、自分の行動パターンを振り返る<br>・課題解決型営業に役立つ自己研鑽への取組：①標準プロセス ②失敗・成功100選の実践ノウハウ ③基本技術知識に関する社内試験合格 | | |

| 定性評価ポイント<br>(平均) | 評価ランク | | 定性比率 | 10% | 定性ポイント④ | |
|---|---|---|---|---|---|---|

### ⑤人財育成用　プロセス分析データ

　②プロセス指標や③標準プロセスへの取組で計測したデータは、人事評価に使うだけではもったいないと感じませんか？　そこで**人財育成のための貴重なフィードバック手段としても活用する**のがおすすめです。

　図8-8を見てください。このデータは被評価者（評価される営業担当）と他のメンバーも含めた営業組織全員の平均との比較です。このチャート図では、プロセス評価項目以外の他の活動プロセスもデータで示されています。

　この図では、被評価者は平均と比較すると「やるべきこと」（ウェイトの高いプロセス）への取組がほとんどの項目で上回っていることがわかります。

「できる営業」のデータもサンプル抽出してあるので、活動に工夫や改善が必要な営業に対しても、サンプルを理想的な行動パターンとして示しながら、コーチングやフィードバックを行なえば効果抜群です。

**図8-8** ⑤人財育成フィードバック用データ

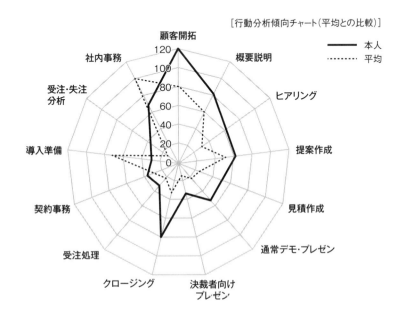

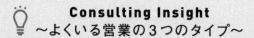

## Consulting Insight
### 〜よくいる営業の３つのタイプ〜

　人事評価で大切なのは、人の強みを活かしながらその欠点をどうやって補うかです。全員がすべての業務を高いレベルでこなすことができれば苦労はありませんが、それができる社員は限られます。

　人事マネジメントにおいては、食べ物で好きなものや嫌いなものがあるように、「仕事でも好き嫌い、得手不得手があって当然」、あるいは「強みと一緒に弱みがついてくる」と考えるべきです。

　身近によくいる営業の３つのタイプを例に説明します

・ Ａさん……フットワークが軽く「新規開拓」や「商品説明」は得意だが、「提案・プレゼン」が弱いため、よく商談を落としてしまうタイプ
・ Ｂさん……「条件交渉」にはめっぽう強いが、夜の飲みも大好きなため朝遅刻が多く、「新規開拓」が手薄になりがちなタイプ
・ Ｃさん……口下手でなぜ営業に配属されたのかわからないが、「提案資料作成」は大好きで遅くまで残業しているタイプ

　普通だと、上司はＡさんの提案力のなさを責め、Ｂさんのお酒をやめさせ、Ｃさんのしゃべりをうまくさせようとしますが、他人の弱点を治すのは難しいので、たいていうまくいきません。

　プロセス主義では、この場合３人を集めて１つのチームにすればよいと考えます。

　顧客の受けがよく新規開拓が好きなＡさん、条件交渉に強く案件クローズで頼りになるＢさん、そして提案資料作成が得意なＣさんを１つのチームにすれば、お互いの強みを発揮しながら弱みを補い、結果的に会社の業績に貢献しやすくなります。

　このように人の強みをチーム制や分業制という仕組みとあわせることで、人を活かすことができるのです。

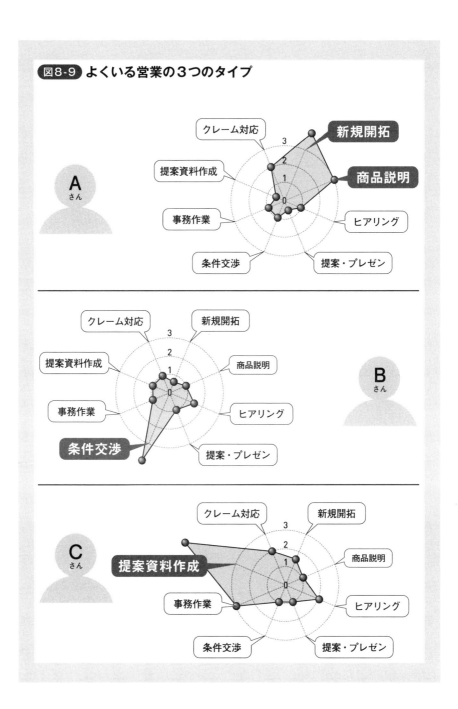

**図8-9** よくいる営業の３つのタイプ

# 04 ジョブ型雇用にだまされるな

## ■ ジョブ型雇用は失敗する

2020年以降コロナ禍において次の新しい人事制度として、「ジョブ型雇用」（以下"ジョブ型"）を喧伝する記事がメディアから多数出され注目を集めています。しかし残念ながらはっきり言うと、ジョブ型は失敗に終わる可能性が高いです。

流れに乗ってジョブ型をすすめるのが楽なのかもしれませんが、人事に携わる者の責任として警鐘を鳴らしておかなければならないと感じます。効果も期待できず失敗する確率が高いジョブ型を進めようとする動きに沈黙することは、関係者として良心の呵責に耐えないのです。

コロナ禍で国民が苦しむどさくさに紛れて、リストラを進めるための環境整備を進めようとしているように見えます。アフターコロナで経済回復を目指すべきなのに、かえって経済回復の足かせになりかねないプロパガンダを広めようとする企てには空いた口が塞がりません。

人事関係者の中ではジョブ型の実現性や効果に疑問を呈し、安易な導入に懸念を示す指摘も増えてきています（そういった良心的な記事は、ジョブ型をプロパガンダとして広げたい大手メディアで大きく取り上げられることはありませんが……）。

## ■ ジョブ型にだまされるな

繰り返しますが、ジョブ型は失敗する可能性が高い。メディアがジョブ型に取り組むのが時代の流れというように誘導しようとしています

が、とても危険です。よく考えずに流行りにのってジョブ型を取り入れてもろくなことはありません。ジョブ型の本質や問題を理解せず流行りに踊らされると、これまでの失敗パターンの二の舞になるだけなのです。

かつて成果主義の失敗を批判した『虚妄の成果主義』（高橋伸夫 著、日経BP）という書籍がありましたが、今度は"虚妄のジョブ型"となる可能性大です。

失敗が確実だと予測できるのは、成果主義の時の過去の失敗パターンを見事なまでにたどっているからです。成果主義の時と相通じる3つの失敗パターンを紹介しましょう。

### ①言葉は新しそうだが中身の実態は変わっていない

実はジョブ型の実態は、過去に流行り失敗した「職務制度」の職務という言葉を単に"ジョブ"という英語に変えただけです。ジョブディスクリプション（職務定義書）を見ても、数行程度の抽象的な文章で実際の評価で使えるような代物ではありません。

ジョブ型における職務定義書はあくまでも人事評価目的の中途半端なものであり、成果を出しやすくしたりスキルアップにつながるものでは決してありません。図8−10に抽象的な職務定義の悪い例を示します。

### ②うまくいかない欧米流の真似の繰り返し

欧米では常識という常套句を使えば従いやすい日本人の素直な性格を悪用する懲りない手口の繰り返しです。しかし、日本の採用・転職市場の実態には合いません。労働管理の歴史やメンタリティもまったく違うので、はじめから日本的経営に合うはずがないのです。そもそも輸入元の欧米型のジョブディスクリプションも、中身は①のようなすでに失敗しているシンプルすぎて使えないものばかりです。

欧米（実質はアメリカ）から横文字のやり方を輸入して真似しようとしても、そもそも国民性や経営風土が違うのでうまくいかないことは、人事関連だけでなく経営マネジメント領域でもすでに証明されてい

## 図8-10 抽象的な職務定義の悪い例（営業の場合）

| 等級 | 役職 | 職務・役割 | 求められるスキル |
|---|---|---|---|
| M-1 | 部長 | 経営者の目線で、顧客企業の期待以上の提案や課題解決の案を示し、部の予算を達成するための、リーダーシップを発揮することができる。担当事業・営業戦略の立案と組織的実行を統率・指導することができる。担当組織の適切な予算配分や人事配置ができる。 | ・リーダーシップ<br>・戦略立案<br>・部のマネジメント力 |
| M-2 | 課長 | 担当領域の製品・ソリューション・営業プロセス全般における課の責任者として、レベルの高いノウハウ、マネジメント力、キーマンとの交渉力を有す。顧客企業の先をゆく付加価値提案や交渉・折衝のマネジメント、リードができる。主任以下の育成・指導を行なうことができる。 | ・課の予算責任<br>・付加価値提案、交渉力<br>・部下の育成、指導力 |
| S-1 | 主任 | 担当する製品・ソリューションの実質的な担当者として、自発性をもって案件を発掘し、上司や関係者も借りながら、組織的に提案を行ない受注にこぎつけることができる。また、後輩にトレイニーとして仕事の基本を教え面倒を見ることができる。 | ・案件発掘 〜 推進力<br>・課題解決型提案力<br>・後輩の育成 |
| S-2 | 担当 | 顧客に接する上で必要な担当製品・ソリューションの十分な知識を有する。顧客企業の要望やニーズを正確に理解し、上司や先輩の指示・監督の下、関係者と連携を図りながら、与えられた案件やミッションを、自分でも工夫しながら着実に推進することができる。 | ・担当製品の知識<br>・顧客要望・ニーズの理解<br>・関係者との協力・連携 |
| S-3 | 新人〜3年目 | 営業員としての基礎となるマナーや姿勢を身につけ、明るく元気よく周囲とコミュニケーション、協力しながら、与えられた指示内容を正確に理解し、報・連・相を行ないながら、担当タスクを行なうことができる。 | ・ビジネスマナー<br>・コミュニケーション力<br>・報・連・相 |

ます。

　すでに過去失敗している「職務制度」を英語に変えて「ジョブ型」と言い換えてごまかそうとしても、現場で実際に運用できるくらい具体化された職務定義書を真剣に作成しない限り、失敗は必然なのです。

### ③動機が不純

　「得意分野に特化して能力を発揮できる」「専門性やスキルが高まる」「仕事の効率や生産性も上がる」「成果が評価されやすく給与も上がる」「モチベーションも向上」などを表向きの理由にしてはいますが、ジョブ型雇用を導入する"裏の目的"は、「人を切りやすい環境を整えるた

め」です。

　成果主義は人件費削減でしたが、人を解雇しやすくするための環境を
さらに整備するという意味ではもっとたちが悪いと言えます。表面をどん
な美しい言葉で繕おうとも、運用で本音が出てくるので社員は敏感に
気づき、形骸化していくのは時間の問題です。かつての成果主義がうま
くいかずに崩壊していった真因のひとつがこれでした。

　ちなみに、成果主義の場合も、表向きは同じような美辞麗句を掲げて
いました。


## ■ それでも、ジョブ型を導入したければ

　ジョブ型に関してはかなり辛口の意見を書いてしまいました。それで
も会社の上の方からの命令でジョブ型に取り組まなければならずに困っ
ている人もいると思います。

　ジョブ型を何となく胡散臭いと感じながらも、流れに乗り指示に素直
に従うことも、組織の中で生きていく上での処世術です。ただ、指摘し
たように、ジョブ型は失敗する可能性が高いです。指示に従うだけで失
敗しては元も子もないので、この機会を利用してひと工夫しましょう。

　ここはプロセス主義の要素を取り入れ、業績改善に貢献できる本質的
な人事変革のチャンスと前向きにとらえるのもひとつの考え方です。そ
もそもジョブ型とプロセス主義は相反するものではなく、プロセス主義
の考え方を取り入れることにより、本格的なジョブ型の職務定義書をつ
くることが可能になります。

　その対応策として、本書で紹介している見える化ツールを、現場で
"使える職務定義書"として応用することをおすすめします。

# **05** ハイブリッドワーク 時代の評価

## ■ コロナの前からプロセスは見えていなかった

　コロナ禍以降、テレワークにおける人事評価や行動管理の課題が、様々なメディアなどでも取り上げられるようになりました。
　例えば、
　「テレワーク中にちゃんと仕事をしているのか？」
　「業務中の部下の様子が見えず不安。どう管理すればよいのか？」
　「部下の働く姿が見えないのに、どうやって評価すればよいのか？」
　といった不安や課題です。
　自分の会社でもこのうちどれかは当てはまるので、「フムフム、なるほど」と納得する人も多いかもしれませんが、ちょっと待ってもらいたいのです。実はこれらはコロナ騒動やテレワークに関係なく、**営業マネジメントや人事評価の分野**では、すでに**長年問われ続けている課題と本質的には一緒**なのです。

　試しに主語を「営業」にして、言い換えてみると、
　「営業は勤務時間中、ちゃんと仕事をしているのか？　サボっているのではないか？」
　「営業は外出が多いが、何をやっているのか見えず不安。どのように管理すればよいのだろうか？」
　「営業はオフィスにはあまりいなので、何をやっているのか見えない。どうやって評価すればよいのか？」

いかがでしょうか？　**コロナ禍で見えてきた課題は、すでに以前から存在していて放置されていたものにスポットが当たって、噴出してきているだけの話なのです。**

そのうちの代表的な３つの課題に絞って、反証的な立場・見方で、どうやればうまくいくのか解決策を探りながら深掘りしてみましょう。

### ・課題① テレワークでは部下の行動が見えない？

今まで見えているつもりだったものが、もっと見えなくなっただけです。本当はもともと見えていなかったのではありませんか？　厳しい言い方をすると、やらなければならないと薄々は気づきながらも、面倒くさく緊急性もなかったので、手つかずになっていたプロセスの見える化のつけが回ってきているだけなのです。

### ・課題② 成果で評価するしかない？

「まずは、成果で評価するしかない」という一見正しそうな —— でも、これまでの人事評価の変遷や成果主義の失敗を忘れてしまったのかのような —— 主張には違和感を覚えざるをえません。

ホワイトカラーの多くでは、評価の前提となる「成果」があいまいできちんと定義されておらず、上司と部下の間でお互いしっかり納得して握れているケースは少ないです。

テレワークのために成果主義的な評価方法を強めようとしても、成果を組織的に定義・明確化しまいまま、上司と部下の間で主観的・属人的に決めさせるだけでは、また失敗パターンを繰り返してしまいます。

### ・課題③ プロセス評価は難しい？

「プロセス評価は難しい」というコメントも多いようですが、真剣に取り組もうともせず、中途半端な試みで失敗した過去の先入観で言っているのではないでしょうか？

プロセス評価の難しさを論ずる前に、そもそものプロセスの解釈や考え方がおかしいケースも散見されます。意外と間違いが多いので指摘し

ておきますが、プロセスとは「何となくがんばっているという態度や様子」のことではありません。「成果につながりやすい組織が認めた具体的で実践的な行動プロセス」のことです。

　本格的に成果に結びつくプロセスを標準化・見える化した上で評価しようとすると、それなりに手間がかかるのは事実です。しかし、逆説的に言うとコロナのおかげで、**やらざるをえない、プロセスが見える化できていないとテレワーク管理も評価もできない**という残念な事実に気づかされたわけです。

　さらに今では、プロセス見える化の手法も進歩して、「できる社員の行動パターン ＝ 会社や組織がこういう風に行動してほしいというお手本」を、新人でもわかりやすく見える化（棚卸し・標準化・資料化・共有化）することができるようになっているので、以前に比べてプロセス評価と連携しやすくなっています。

## ■ ハイブリッドワークの時代に求められる評価

　出社・テレワークなどを組み合わせたハイブリッドワークがニューノーマルとなっています。「ハイブリッドワークでの人事評価をどうするか」というテーマは、アフターコロナ／ニューノーマルの時代で避けて通れない課題であり、悩まれている方も多いはずです。

　解決の鍵は、**曖昧なままの成果だけで評価しようとせず、成果につながりやすいプロセスを明確にした上で、プロセス評価をセットにして、成果とプロセスの両方を評価する**ことです。つまり「**プロセス主義**」が**処方箋**となります。

　まず、組織が社員に求める成果を明確にすることが大切です。ここが曖昧なままでは、雇用制度も人事評価もいつまで経っても進歩しません。

　次に評価の前に、成果を担保するプロセスを標準化。そして、プロセ

スへの取組を、SFA／CRMなどのDXツールで見えるようにします。

　プロセスの見える化やDXツールの入力〜活用徹底を支えるために、人事評価との連携も必要になります。他の営業本ではあまり強調されない視点ですが、プロセス主義ではここがポイントになります。

　会社が認める正しいプロセスにちゃんと取り組んで、仕事が順調に進んでいるのであれば、結果が出ていなくても評価すします。メリット・ンセンティブを与えることが、人を動かすマネジメントの要諦になります。

　もちろん、プロセスだけでなく、成果も評価します。**成果とプロセスを両方評価するのが、これからの時代の人事評価のニューノーマルになる**と考えるのが自然です。

　ハイブリッドワークの時代は、目に見える結果としての成果だけでなく、成果に至る途中のプロセスを本気で見える化して評価することも求められる時代に入ったと言えます。


　ツールとしての人事評価制度云々の話より、コロナ禍前から存在していた根本的な問題を直視し、先入観や誤解を解くことが何よりも課題解決に向けた近道です。

　今後メディアが経済界とタッグで広めようとするジョブ型の末路がどうなるにせよ、**バブル崩壊以降の失われた時代を通して、日本の人事制度変革がなぜうまくいかなかったのか、裏にある根深い問題にメスを入れない限り、これまでと同じようなパターンを辿る可能性が高い**ということは強調しておかなければなりません。そうならないことを心から祈るばかりです。

# 06 業績改善を 人事評価で支える

## ■「攻めの評価」で業績アップを支える

本書も最後に近づいてきました。営業プロセスの見える化で解決すべきゴールをもう一度思い出しましょう。それは業績アップ。すなわち売上や利益目標の達成、そしてその継続的改善です。営利企業である限り永遠に逃れられない最大の経営課題です。

業績アップは営業だけの仕事と誤解されがちですが、営業部門のがんばりだけでは限界があります。営業の本質的な解釈は、「事業」を社員全員で協力しながら「営む」ことです。

営業担当を叱咤激励し、結果の数字だけを追わせても継続的な業績アップは望めません。成果につながるプロセスを明確にして、勝ちパターンに沿った効率的な営業を行なう営業の底上げ＝人財を育てることが必須条件です。結果を生み出す組織の成長と社員の成長は車の両輪です。人財の成長、そして組織力の強化なくして業績改善はあり得ません。

営業と人事が手を取り、人事評価を通じて協力することが不可欠な時代です。人事評価は業績改善に貢献するものでなくては意味がありません。**究極のマネジメント手段・成長支援制度**としての役割に目を向け、人事評価で人を育てながら「攻めの評価」で業績アップを支えるのです。

## ■ プロセス主義が目指すゴール

「プロセスマネジメント＋進化したプロセス評価＝プロセス主義」で

目指すべきゴールは、物理的な報酬だけでなく、**社員の心の報酬を充実させて、業績の継続的改善を実現すること。**

　少し表現が飛躍したかもしれませんが、もう少し噛み砕いてわかりやすく図式化すると、図8−11のようになります。

　〈プロセスの見える化〉により、社員の「底上げ」と「人財育成」が可能になります。また、各人が果たすべき役割分担と評価基準が明確化できるので、「チーム力も向上」します。

　そして、〈進化したプロセス評価〉により、「評価の納得性が高まり」、「モチベーションもアップ」します。自分の強みと伸ばすべきところを認識することによって、「自己啓発」にもつながります。

　このようにプロセス主義では、前向きなゴール・目的の達成を目指します。これからは、社員のモチベーションを維持し、もてる力を最大限に引き出すマネジメントができなければ、業績の改善は望むべくもないのです。

**図8-11 プロセス主義が目指すもの**

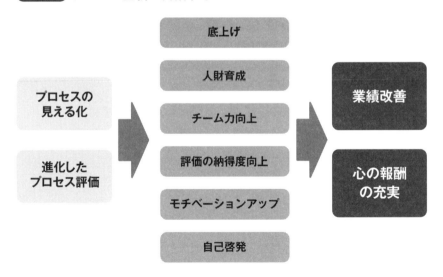

## 8章のまとめ

- [ ] いくら「プロセスが大切」だといっても、人事評価が
  従来通りに結果の数字しか見ないのであれば、うまく
  いくはずがない。

- [ ] 営業プロセス"見える化"マネジメントを
  浸透させるためには、まだ結果に至っていない
  地道な努力（プロセス）も評価対象にすること。

- [ ] 進化したプロセス評価の特徴は、
  「プロセスの見える化」「人財育成」「人事評価」
  をセットにすること。

- [ ] 人事評価は、究極のマネジメントであり、
  人を育てながら業績アップを支える成長支援制度。

- [ ] プロセス主義のゴールは、物理的な報酬だけでは
  ない。社員の心の報酬も充実させて、業績の継続的
  改善を目指すこと。

# 9 章

## 成功事例と失敗パターン

地方創生を旅の力でお手伝い
　　　　（JTB）

　旅行会社というとパッケージツアーをイメージしますが、旅行ニーズの変化、ネットの普及等により従来の旅行モデルの変革を迫られています。団体旅行や修学旅行などの旅行需要を追いかけるだけでは事業の縮小は避けられない状況が続いています。

　旅行業界のリーディングカンパニーであるジェイティービー（以下、JTB）は、こういった変化に対応し事業ドメインを新規事業にシフトし次の時代の収益の柱とするために、地方創生への取組を積極的に進めています。

　とはいっても、JTBが地域のブランディングや観光資源開発などの地域活性化におけるコンサルティングやプロデュース業務を行なっていることは、まだ一般的にはあまり知られていません。

　また新しいことを浸透させることは一筋縄ではいかないものです。JTBでは観光を基軸とした地域活性化ビジネスへの取組を「地域交流事業」と呼び、新たな事業領域として位置付け、全社戦略として掲げてきました。

　本格的取組から約10年経ち、同事業は着実に成果に結びついてきましたが、国の観光立国・地方創生の大きな動きの中でビジネスチャンスが拡大する中、さらに営業現場に浸透させ、かつ、レベルアップを図るためには、地域交流事業の取組が自社の利益につながるロジックを明らかにし、本質的な理解を深めなければならない、という課題に直面していました。

　会社として推進している事業にもかかわらず、実践できる支店長とできない支店長がいて、どうすれば全国的に推進できるかというのが大きな課題でした。

　社内でなぜ地域交流事業に取り組まなければならないのか、どうして地方創生が儲けにつながるのか理解できず、一部には懐疑的な意見もあったのです。また、支店長からは新たなことに取り組むのであれば、そ

の目的に合うように評価制度も変えてほしいと要望もありました。

　そこで施策としてまず着手しようとしたのが、人事評価制度の見直しです。大切さを理解していても、従来の単年度実績のウェイトが高い人事評価のままでは、複数年にわたる中長期的な地道な努力に報いることはできません。

　そこで、地域交流事への取組プロセスを新たな評価尺度にする方向で検討を開始しました。するとその過程で、プロセス評価を設計するためには、地域交流事業のプロセスを標準化・見える化することが先であることに気づきました。

　ところが、これまで地域交流事業の手法や社内アセットの活用などのノウハウは、会議や研修などを通じて情報共有は行なわれていたものの、属人的な知見として細かなところは口伝で伝えられることが多く、体系立てては整理されていませんでした。

　そのため、地域の課題を解決しながら自社の利益につなげていく手法がわかりにくい、また収益につながるとしても社内のバックアップ体制が整っており、慣れた旅行ビジネスに比べ手間がかかるのではないかなどの誤解をまねいていたのです。


　そこで、地域交流事業への取組が成果につながるロジックを、プロセスやKPIでわかりやすく「地域交流事業の成果を生み出す行動プロセスマップ」という1枚のシートにまとめました。そして「ハイパフォーマー支店長 = 地域交流事業で成果を出しながら支店予算を達成している支店長」と位置付け、支店長のノウハウをまとめた「見える化ツール」と一緒に全国の支店長会議で公開しました。

　その資料の中で、支店長が「やるべきこと」を明確に示しました。支店長の仕事は営業同行やツアー添乗など挙げればきりがありません。しかし、地方創生という視点から、「地域視点のキーマンとの関係を構築し、課題解決に協力することを通して、案件を創出する」ことと定義。このことを見える化ツールで明らかにした上で、プロセス評価の大切さ

も説明したのです。

　結果は好評で、これをきっかけに地域交流事業を強化したいと考えていた地域会社が手を上げ、プロセス見える化と評価をセットにしたパイロット導入を行ないました。


　この事例は一朝一夕で成せるものではありません。経営トップの事業ドメインシフトに向けた強い意志と、社内担当者の長年にわたる地道な努力なしには語れません。

　特に、新型コロナの影響で旅行業界の売上が激減したところで、急激に風向きが変わりました。一番ひどい時期は売上9割減と壊滅的でしたが、その中で業績を支えたのは、この地方創生で培ったB2G事業（行政からの受託事業）だったのです。

　本格的な取組から約15年以上かけて、コツコツと実績を上げてきた地方創生への取組が、コロナ禍でようやく日の目を見たわけです。

　社内の誤解や冷たい視線に届せずに新規事業を着実に育てていたおかげで、倒産の窮地を救うことができたというこの裏話には、経営に関する深い示唆が含まれています。


　観光産業は今や成長産業として行政のみならず各業種からも注目されており、単なる旅行販売だけでなく、地方創生を核にこれからの日本という国を支える役割を期待されています。

　しかし、地方創生事業に取り組んでいる様々な企業の担当者も、参考にするノウハウが少なく、手さぐりによる個人の工夫に頼らざるを得ず、苦労している人が多いようです。

　経営トップが環境問題などの社会的課題解決を行ないながら業績も伸ばすSDGs企業への進化を掲げても、中間管理職は必ずしもその真意をすぐに理解し部下に徹底できるとは限りません。むしろ、現場はなかなか理解できないというケースが圧倒的に多く、その前提で人を動かす施策を考えなければならないのです。

　組織の末端に行けば行くほど、目先の結果主義はまだまだはびこって

います。「儲かってなんぼ」「結果がすべて」という誤った成果主義からのパラダイムシフトは容易ではありません。

　地方創生や観光立国に企業が向き合う場合、地域における信頼を得ることで企業ポジションの向上を図ることがまず先です。地域を活性化することで信頼を得られれば、ビジネスの直接収益はその後に必ずついてくることが証明されています。

　そのために地域に根差す各支店の責任者である支店長がとるべき行動プロセスをしっかり見える化し、人事評価でもその行動を組織として後押しする必要があったのです。

　JTBの地域交流事業プロセスの見える化は、まず地域を限定して支店長を対象にしたパイロットからスタートしましたが、①行動プロセス標準化 ②研修 ③プロセス評価の強化策を３点セットにして、全国に広げていくことを目指しています。また、地域交流事業をメイン業務にしているプロデューサーや支店の課長、営業担当にも今後広げていくことも視野に入れています。

　JTBの今後100年を見据えたチャレンジは、日本という国自体の活性化を望む人々に、様々な視点で参考にしていただける事例ではないでしょうか。

## 事例2 市場のない商品をどうやって売るのか？（エーザイ）

　新しいサービスや製品を使って市場の創出や拡大にどうやって取り組むか。営業において、顧客視点を大切にするというアプローチはもはや常識のように取りざたされますが、本当に実践できている会社は多くありません。真の顧客視点を知ることを業績改善に活かした製薬会社の事例を紹介しましょう。

　唐突な質問ですが、製薬会社の顧客は誰かご存じでしょうか。普通に考えれば、薬を使う患者と答えるはず。しかし、残念なことに医薬業界にとっての顧客は患者ではなく、薬を処方する医師なのです。診察時間以外の患者のいない時間帯にＭＲと呼ばれる営業員が日参し、ドクターに自社の薬をできるだけ多く処方してもらうよう、あの手この手で働きかけます。

　顧客視点の本質からはまったくかけ離れたように見える医薬業界。そこにエーザイが一石を投じました。

　エーザイは世界初の認知症薬の開発に1999年に成功しましたが、実は、開発当時は認知症薬の市場は存在していませんでした。自分の母親が認知症になってしまったことを知った社員が、「何とか治してあげたい、自分のことを思い出してほしい」という切実な想いで苦労に苦労を重ねて開発に取り組み、どうにか執念で認知症の進行を遅くする薬を開発することに成功したのです。

　ところが当時は、認知症は病気とは見なされていませんでした。年齢によるボケ現象であり、医者ですら病気とは考えていなかったのです。つまり、薬はできあがっても、それを処方する医師も患者もいない。このような状況で、薬を売ろうとしても売れるわけがありません。

　では、「患者がいない＝市場が存在しない」認知症薬をどうやって売ったのか？　その答えは、患者や患者を見守る家族や周辺の関係者の気

持ちに立った当事者視点で、コミュニティの人と人を結びつける「地域連携支援活動」にあります。この活動をエーザイでは"まちづくり"と呼んでいます。

薬を売るという直接的な営業活動を行なう前に、市場を創り出すためにかなり遠回りに見える地道なプロセスをたどりました。

具体的には、認知症を診察できる医師を育てるための講習会などの啓蒙活動。認知症患者のいる施設を訪問し、認知症患者と一緒に時を過ごし本当の実態や気持ちを知る共体験。医療従事者のみならず、役所や地域包括センター、民生委員などのまちの関係者の想いを傾聴しながらの関係構築。そして関係者の課題意識をつなぐ橋渡し役としての地域連携への貢献。

このようにして、徐々にまちの人々の理解や信頼を得て、連携の支援を行ないながら、認知症という市場を創り上げていったのです。

その結果、この日本はおろか世界でもひとつしかなかったこの認知症薬は、開発当時は中堅にすぎなかったエーザイを大手医薬メーカーの一角にまで押し上げる最大の原動力となりました。


このようにまとめると美しいストーリーに思えますが、内藤晴夫社長という経営トップの先見性と英断により始めたまちづくりは、舞台裏では紆余曲折を経ています。

一般社員の理解がなかなか得られないという社内の壁。先進的な社員の暗黙知を、組織全体までいきわたらせることの困難さ。まちづくりの本質が理解できずに、目先の数字ばかりを追いかける理解のない上司……。

このままでは、次のブレークスルーを生み出せない。理解度を高めもっとMRに取り組ませるための何かいい方法はないか。試行錯誤の後、ようやくたどり着いたのが、プロセスの見える化でした。

地域連携支援という一見、薬の営業とは関係がないように思える活動が、まちの人々のネットワークを通して認知症検査の受診数を増やし、結果として認知症薬の処方増につながるという流れを、「まちづくりが

成果につながるプロセスマップ」という1枚のわかりやすい地図にまとめることで見える化したのです。

　これからの日本は世界でも稀に見る高齢化社会に突入します。厚生労働省によると認知症患者はこれまでは200万人とされていましたが、今では全国推定患者数460万人、初期症状まで含めると800万人と言われています。
　人口の3人に1人が65歳以上の高齢者になるという超高齢化社会はもうすぐ目の前です。ビジネス的には巨大な市場が存在するわけですが、個々の企業が単独で立ち向かうにはコストがかかりすぎ、限界もあります。
　一方で、社会に貢献しながら、しっかりと利益を上げるというソーシャルビジネスへの対応も企業に求められています。
　「製薬会社の事業目的はあくまで患者様満足を高めることが先であり、売上や利益は、患者の顧客満足の増大という目的の達成の結果としてもたらされるものである」
　日本社会が本来もつ人と人との結びつきを時代に合わせて再構築するノウハウを、企業秘密として囲い込むべきではない。その理念と使命感のもと、エーザイは地域連携支援活動のノウハウを公開・共有するという利他的な動きにも前向きです。
　プロセスの見える化がそのノウハウを形式知化し、人と人、企業と企業のネットワークを構築するための大切な媒体ツールとなった事例です。

　　　※参考文献『流れを経営する』（野中郁次郎・遠山亮子・平田徹、東洋経済新報社）

## 事例3 結果がまだでもプロセスを50%評価！ （大手飲料メーカー）

　「プロセスマネジメント」と「進化したプロセス評価」を実際に導入し、プロセスの評価比率を大胆にも50％に引き上げた事例として、大手飲料メーカーA社のケースを紹介します。

　かつてA社は飲料市場において圧倒的なシェアを誇り、業界の王者として君臨していました。しかし、ライバルのB社が大ヒット商品を発売してから市場におけるシェアを奪われ、ついに長年にわたり守り続けた業界シェアナンバーワンの座を、B社に明け渡してしまいました。

　一方、業界を取り巻く環境を見ても、少子化や消費者の嗜好の多様化による影響があり、もはや売上の将来的な伸びは期待できず、横這いか微減という状況にありました。このため、「ここで抜本的な改革を行なわなければ、ナンバーワンへの返り咲きはおろか、会社として危機に陥る」という強い危機感をもったA社の経営陣は、全社を挙げて業務プロセスの大変革に着手したのです。

　変革において特に重要な部門は営業でした。営業部門における変革の目的として、「情報共有による営業力の底上げ」と「経常利益拡大路線への転換」を掲げました。

　そこで、A社の経営陣がこの2つの目的を達成するために行なったのは、それまでの営業活動を見直して提案型営業を強化すること。そして、それまでの成果主義に基づく人事評価を刷新して、「成果」と「活動プロセス」で評価する仕組みをつくることでした。

　この業界における提案型営業というのは、自社商品の飲料だけでなく、他の食品も含めた売場づくりをスーパーなどの量販店に提案するというものです。例えば、冬の時期のスーパーでは「今夜はあったかお鍋」と書いたPOPを掲げ、必要な食材をすべてそろえたコーナーをつくります。その日の献立に悩む来店客がセットで買い物をしやすいようにすることで、できるだけたくさんの商品を買ってもらおうという提案

を行なうのです。

　営業担当者は、「飲料をたくさん買ってくれたら値引きします」というような古い営業ではなく、顧客である量販店の売上向上に役立つ様々な提案を行ないます。それによって、顧客の売上に貢献し、自分たちの商品も売る「Win‐Win」の関係を築くのです。

　この業界では自社シェアを伸ばすためには、4社しかない競合のシェアを奪い取るしかありません。しかし、これは言葉で言うほど簡単なことではありません。競合も自社のシェアを守り少しでもアップさせるために必死なのです。少なくとも半年、場合によっては1年、長い時は3年もの時間をかけて、根気よく競合に取り込まれている顧客を自社側に鞍替えさせなければなりません。

　こうした時間のかかる中長期的な仕事を成果だけで評価すると、社員は誰もやりたがりません。すぐに評価に結びつく短期的な売上を追い求めるしかないからです。


　そこでA社では、会社がシェアを奪いたいターゲットをリスト化し、さらに、シェアを奪うための「標準プロセス」を明確にしました。そして、まだ結果が出ていなくても途中のプロセスを評価することにより、地道な営業活動を奨励するなど、これまでの評価のやり方を大きく変えたのです。

　そのためにまず、できる社員の提案型営業のプロセスをもとに「標準プロセス」を定めることから始めました。

　A社には日本全国に1500名ほどの営業社員がいますが、その中から30名ほどの優秀な社員を選び、ヒアリングを行ないました。そして、彼らの活動プロセスを分析して「進化したコンピテンシーモデル」を構築。それをもとに、営業プロセスの標準化を行なったのです。

　これによって、提案営業で優秀な成績を収めていた人の活動パターンを、他の営業部員にも広めることが可能になりました。また、具体的な提案の成功例などの情報を共有できるITシステムも構築しました。

　一方、人事評価については、成果指標と活動プロセス指標の比率を同

等に「50%：50%」に設定しました。成果と同じく、プロセスも50%評価することにしたのです。これまでの営業を変えるという経営メッセージを強く打ち出し、インパクトを与えるためでした。

　A社のこうした業務プロセスの変革は着実に効果を上げました。業績は好調を維持、特に経常利益の伸びが大きく、目標が達成されたのです。現在もB社と激しいシェア争いが続いていますが、財務体質は完全にB社を含めた競合他社を凌駕する強固なものとなっています。
　しかしそれでもまだ油断はできません。B社だけでなく他の競合も虎視眈々とシェア拡大を狙っています。「プロセスマネジメント」と「進化したプロセス評価」を軸とした努力を継続して、さらなる企業体質の強化を図らなければなりません。

---

### プロセス評価取組のステップ

**❶ 営業活動プロセスの現状を把握**
高業績者に対してヒアリングを実施し、その活動プロセスを詳細に分析
➡コンピテンシーモデルの構築を把握

**❷ ビジネスプロセスの設計**
◆営業活動プロセスの標準化
◆標準化されたプロセスによる人財教育の設計
◆評価指標の見直し…**成果 50%、活動プロセス 50%**

**❸ ITツールの活用（SFAツールで活動データを収集）**

## 事例4　プロセスの見える化で名誉挽回 （大手IT企業）

　ある大手IT企業の営業部で、売上のために必要なプロセスを見えるようにした結果、主観でゆがんでいた評価が改善されたという例を紹介しましょう。

　この会社の営業担当本部長は、「やるべきことをちゃんと行なっていれば、結果は自然とついてくるものだ」という持論をもっていました。そこで、売上とプロセスの相関関係を確かめてみることにしたのです。

　①ヒアリング　②提案　③デモ・プレゼン　④見積　⑤クロージングの5つを営業の「有効プロセス」と定め、30名ほどの営業員が各プロセスに実際どれくらい時間を使っているのかという「有効営業時間」を計ってみました。その結果が次ページの図です。

　これを見ると、売上金額が一番大きいQさんは有効営業時間が一番多く、売上が一番少ないSさんは有効営業時間も一番少ないのがわかります。分析によって、本部長の持論が正しかったことが証明されたわけです。

　ところで、データだけを見るとQさんができる社員で、Sさんがダメ社員のように思えます。しかし、それまでの評判はこのイメージとは異なるものでした。

　Qさんは確かに実績を上げていたのですが、上司や同僚たちは「アイツは生意気だ、かわいくない」「たまたま、いい案件を担当しただけだ」「今回は運がよかったのだ」というようなやっかみの目で見て、彼の働きを素直に認めようとしていませんでした。

　しかしこの分析によって、Qさんはやるべきプロセスを懸命に行なっていたことで成果が出ていたということがわかり、名誉も挽回されました。

　一方Sさんは、以前は大口顧客を担当して実績も上げていた本部長お

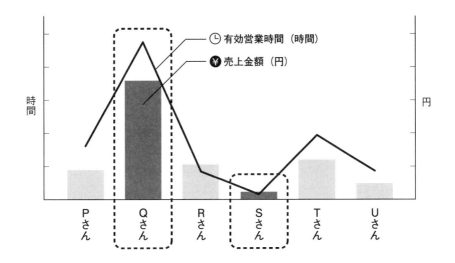

気に入りの社員だったのです。ショックを受けた本部長が問い質したところ、実は家庭内に事情があり仕事に専念できない状況であったことが発覚しました。

　このように、職場における人の評価は、誤った先入観や過去のイメージで見ることにより、ゆがんでしまうことがよくあります。

　一度貼られたレッテルを覆すことも容易ではありません。あるいは、「やるべきことはしっかりやっているが、アピールが下手」「正義感が強いので、この手の部下が嫌いな上司とは反りが合わない」などのタイプは通常の評価では損をしがちです。

　プロセスを見えるようにし評価することで、口だけではなく本当に仕事をしているのは誰かがはっきりわかるようになります。

**頭でわかっていても、実際やるのは難しい（自動車ディーラー）**

　ある自動車ディーラーの話です。この会社のディーラー統括責任者が、業績がいい店舗と悪い店舗の行動パターンの違いを調べるために、首都圏30店舗で現場の社員が実際に業務に使った時間を計ってみました。

　次ページの図をご覧ください。わかりやすいように、その中で一番業績のいい店舗のデータを右に、一番業績の悪い店舗のデータを左に示しています。縦軸は、業績を伸ばすために本部から指導している「やるべき業務の優先度」、横軸は「社員が実際に（各業務に）使った時間」です。

　これを見ると、さすがに両店舗とも店に足を運んでくれたお客様への対応はきちんとしているため、「来店対応」は同じように一番右上の位置にあります。


　違いとしては、業績のいい店舗では来店してもらうために必要な新聞広告チラシ配布などの「集客作業」や、来店してくれた見込み客に対する訪問や電話などの「フォロー」が右上にあり、やるべき業務をきちんと行なっているのがわかります。その結果、自ら積極的に集客・開拓した「集客商談」も多くなっています。

　しかし、業績の悪い店舗は、「集客作業」と「フォロー」が左上にあり、いずれも十分には時間が費やされていません。その反面、「勉強会」や「掃除」など、それほど力を入れなくてもいい業務の時間が比較的多くなっています。

　全体的に見ると、業績のいい店舗は右肩上がりの理想的な直線に沿って活動が分布しているのに対し、業績が悪い店舗では分散してしまっているのがわかります。簡単に言うと、業績の悪い店舗では言われたことがきちんとできていないのです。

　しかし、やるべき業務の優先順位を口頭で尋ねると、業績の悪い店舗

★ = 優先度が高い業務　　● = 優先度が高くない業務

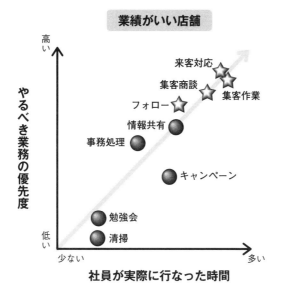

業績がいい店舗

やるべき業務の優先度

高い

来客対応
集客商談
フォロー
情報共有
事務処理
集客作業
キャンペーン

勉強会
清掃

低い

少ない　　　　　　　　　　　　　多い

社員が実際に行なった時間

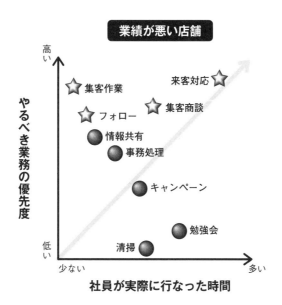

業績が悪い店舗

やるべき業務の優先度

高い

来客対応
集客作業
集客商談
フォロー
情報共有
事務処理
キャンペーン

勉強会
清掃

低い

少ない　　　　　　　　　　　　　多い

社員が実際に行なった時間

の社員でも、指導されている通りにやるべき順位で正しく答えることができます。ここで「頭ではわかっていても、実際できているかどうかは別である」という問題が浮き彫りにされます。

　気をつけなければならないのは、データを示さずに成績が悪いことだけを追及してしまうことです。本人たちもそれなりにやったつもりにはなっているので、「やるべきことはやっている。疑うのはやめてほしい」というような感情論になりがちです。
　しかし、図のようなデータを使えば、具体的にどの業務に問題があり、どう改善すればよいかが一目瞭然です。余計な感情論を排して、社員が自らの行動を継続的に改善していくことができるようになります。

## 事例6　1人の200％より5人の80％（中堅精密機器メーカー）

　「人財育成の型づくり」から始めて、プロセスマネジメントの定着を図った中堅精密機器メーカーの事例です。プロセスマネジメントによって結果を出し、社員の信頼を得てからプロセス評価要素の割合を高めるなど、現在も進化を続けています。

　成果主義はアメリカからの輸入ですが、先行ランナーであるアメリカは成果主義の弊害として行き過ぎた個人主義が問題視されたため、その解決のお手本として日本のチームワークを学びました。

　ところが、「近年の日本企業では、社員がみな個人主義に走り、社内のチームワークが失われてしまった」と、モバイル端末の部品供給に強みをもつ精密機器メーカーの営業担当役員Mさんは憂いていました。

　この会社でも成果主義を導入していましたが、ご多分に漏れず成果主義の弊害に直面していました。個人の働きにスポットを当てすぎたことで社員が個人主義に陥り、社内に自分さえよければいいという風潮が生まれたのです。まさにアメリカの失敗パターンと同じです。

　課長クラスはプレイングマネージャーと化してしまい、部下育成がないがしろにされている状況。

　「このままでは、強みであったチームワークが失われ、やがては競争力も失われてしまう」

　Mさんが考えた解決の糸口は、「チーム力の評価と人財育成の重要性」でした。キーワードは「1人の200％より5人の80％」。つまり、1人のスーパーマンが200の仕事をこなすより、5人の社員が80の仕事ができるように教育することで、チームとして400の仕事をこなせるようにするという考え方です。

　「営業員教育にゆっくり時間をかけている暇はない」という心ない抵抗意見も出ましたが、経営トップと大手電機メーカーからの支援をバックに、社内政治的にもうまく立ち回り、反対派の説得に成功しました。

教育のためには、まず人財育成の土台をつくることから始めなければなりません。Mさんは科学的な営業手法で実績を出し続けていた2人のエースに協力を依頼。できる営業はどういう点が違うのかを明らかにすることから始めました。

　この会社では、キャリアーと一緒にプロトタイプをつくり試行錯誤しながら新製品を開発する“共同開発型営業”を行なっていますが、できる営業の共通点は「大手顧客企業の座席表が入手できるか」という点でした。

　「座席表？」と不思議に思うかもしれませんが、大手企業の場合、部門間の壁の問題があり、同じ会社の関係者同士であっても連携がスムーズでない場合が多いので、「社内調整の橋渡し役ができるかどうか」がキープロセスだったのです。


　また、日本的経営のよさを信じるMさんは、今では敬遠されがちな昭和的なマネジメントのよさにもこだわります。例えば、「会社が人財育成を重要な業務のひとつとして位置付け、評価の対象として奨励すること」ことも、今の時代に合わせて復活させることも必要だと主張します。

　Mさんは管理者の育成にも一家言をもっています。「今の課長はかつてのような権限がなくなりかわいそうだ。部長に言われた通りにやっているだけのイエスマンだ。あれでは管理者は育たない」と嘆いていました。

　Mさんは大手電機メーカーの関連会社を何社も見てきましたが、「課長に実質的な権限がなく、部下を育てられない会社はすべて業績が悪い」と言い切ります。逆に業績がいい会社は、「管理者として学ぶべきことを会社のDNAとして伝えることを組織的にやっていた」そうです。


　Mさんの会社では標準プロセスを整理した上で、ＳＦＡツールでその標準プロセスにどれくらいの時間取り組んでいるかデータ集計を行な

い、見える化することから始めました。

　最初は30名規模のパイロット導入からスタートしましたが、徐々にツールを使う人数を増やし、プロセスマネジメントを実践し、フィードバックを行ない、社員を納得させることを徹底。時間をかけながら、部下だけでなく管理者自身にも営業プロセスの見える化の本質を理解させ、くり返し頭と体で覚えさせることで、営業本部全体の底上げを行ないました。

　その後、主力事業であるスマートフォンなどのモバイル端末向けの電子部品市場の好調にも後押しされ、実績も順調に右肩上がりで推移。結果を出し続けることができました。


　営業プロセス"見える化"マネジメントの効果が証明されたことにより、プロセス徹底が後退しないように人事評価の改善にも着手することができました。

　標準プロセスにきちんと紐づけたプロセス評価要素のウェイトを、部長／課長／一般営業員と役職別に、80：20／65：35／50：50〜0：100％と高め、さらなるプロセス主義の強化・浸透に取り組んでいます。

　管理者を含めた人財育成の重要性を認識し、成果主義によって失われつつある日本経営のよさ、特にチームワークという強みをあらためて定義し直して見えるように取り戻すことが、これからの時代で生き残る答えのひとつなのではないでしょうか。

## 事例7　新規ビジネスの強化と既存ビジネスの効率化（中堅出版社）

　出版業界は1996年をピークに書籍・雑誌の販売金額が下がり続け、1996年の2.7兆円が2013年には1.7兆円まで減少（17年間で約1兆円、4割の減少）という大変厳しい状況が続いています。

　ところが、市場が縮小するその一方で、雑誌やマンガを含めた年間の新刊発行点数は増え続け、2013年で7.8万点超。単純計算で1日あたり200冊を優に超える本が出版されている計算です。市場が縮小する中、発行数が増えるということは、1点当たりの平均販売数は減ることを意味し、書籍の寿命は短命化、当然のように返品率も増大するという悪循環に陥っています。

　そんな厳しい環境下、従来の雑誌と広告収入を中心とする既存ビジネスから、そのブランド力を活かした受託やコンサル事業へと、事業のドメインシフトに成功した会社があります。


　この会社は家電関連に強みをもつ出版社で、家電の新製品ニュースや家電量販店の販売員のノウハウを紹介する家電のプロ向けのコンテンツ提供に強みをもっていました。

　その収入の柱は家電販売店向けの定期雑誌購読料と、その雑誌に掲載される大手や新興家電メーカーからの広告掲載費用であり、かつてはその収入が80％を超えていました。

　ところが、かつては店舗ごとに定期購入してくれていた大手量販店からは購入量が年々減らされ、今や本部で1部のみの購入で参考になりそうな記事だけ各店舗にコピーを配布される有様。

　以前は時に数百万円を取ることのできた広告収入も年々減らされ、特に地デジ化特需終焉以降は広告費用の大幅削減が行なわれ、見る影もないほどの落ち込みようです。


　何もせずに古いビジネスモデルに固執していれば、とっくの昔に経営

がおかしくなっていたところですが、この会社は幸いにも時代の変化に賢明に対応することができました。

　別冊・フリーペーパーの受託事業、太陽光発電やオール家電などの販売方法のコンサルティング、販売員教育や売り場づくりのサポート支援など、業界におけるそのブランド力を活かした新規ビジネスの可能性を信じ、数年の期間をかけ強化を図っていたのです。

　徐々に新規事業にシフトしていたため、地デジ特需が終わった時には新規事業のシェアは50％を占めるまでに増えていました。その後の予想をはるかに超える広告収入減を経験した後、振り返りながら「もう少しシフトのスピードが遅かったら倒産していたかもしれないと考えると、ゾッとした」とこぼしていたほどです。


　同社の課題を整理すると、3点にまとめることができました。①雑誌ビジネスモデルの衰退による購読料と広告収入の減少　②主要雑誌の質の低下　③新規ビジネスの強化に集中できない悩み。

　これらの課題の裏にはさらに状況を悪くする懸念点も隠れていました
・既存ビジネスからの収入減に、主要広告主であった国内大手メーカー不調による広告宣伝費の削減が拍車をかけた。
・社員のがんばりに依存する形で何とか利益の確保に努めていたが、過剰なサービス残業などにより、強みであるメディアの質が劣化するなどひずみが出てきた。
・新規ビジネスの強化を図るため、案件数増や提案力のスキルアップを図りたいが、既存ビジネスを想定した従来の事業部体制や評価制度では変革や効率化が進めにくかった。


　そこで、前社長からバトンを受けた新社長は、組織を一新。新規事業のさらなる強化にドライブをかけることを決断しました。

　そして、既存ビジネスの効率化を図り、新規事業提案営業のための時間を確保するという、生き残りのための戦略を支えるツールとして「新規・既存ビジネスの棚卸」と、会社の目指すべき方向に合った努力（プ

ロセス）にリンクした新しい人事評価を導入することにしました。

　具体的にはまず、既存ビジネスである雑誌・広告の業務の棚卸と新規ビジネスの勝ちパターンの整理を行ない、記者兼営業員が営業案件を創り出す具体的なやり方とプロセス指標（粗利の先行予測指標）を明らかにしました。

　次に、プロセスとリンクさせる形で、人事評価制度はこれから目指す方向に向け、社員と会社という両輪の成長を支えるというメッセージを伝えるため、「成長支援制度」とネーミングを変更。

　既存ビジネスの効率化・再強化を図りながら、新規ビジネス強化に努める社員の努力（プロセス指標・営業数字・記事の量と質）を公正に見える化し、評価する新制度を構築しました。

　プロセス指標と評価項目の概要はこうです。

（a）情報共有「営業提案の企画立案数」「記事の企画立案数」「記事のアシスト評価」「営業提案のアシスト評価」（アシスト評価とは、他の担当者の記事化や案件化をアシストしたことに対する評価。サッカーのゴールをアシストすることから発想）
（b）（営業提案）訪問申込数、提案数、案件数、（記事）取材申込数、取材数、再取材、記事化
（c）既存ビジネスと新規ビジネスの粗利とバランス比率の目標達成度
（d）記事の量と質（量については1日当たりのゲラ作成目標を「標準作成時間をゲラで1日○ページ」と設定。質については編集長の総合的な定性評価）

　結果の粗利と、主観的な記事の出来でしか判断していなかった古い評価制度と比べると画期的で、それまでの評価に不満をもっていた社員のモチベーションを上げるのに十分なものでした。

業界の人間は、出版という仕事は特殊だと自嘲気味に言います。よく指摘される問題としては、再販制度と委託制度。そして、取次という独特の販売流通ルート。しかし違和感を覚えるのは、顧客のニーズに真剣に向き合っていないように感じることです。

　その訳は驚くべきことに、多くの出版関係者は、顧客は最終的に書籍を買って読んでくれる読者ではなく、書店に流通させている取次であると真面目に思い込んでいるからです。

　彼らは若者の読書離れ、スマホなど他の娯楽への出費増、アマゾンなどのネット販売の脅威等、外部要因にその理由を求めますが、それらは二次的な問題にすぎません。

　短絡的に目先の販売数を追い求めるあまり、本当の顧客である読者のニーズに正面から向き合わず、売り手の理屈でしか考えずに、似たような内容の本ばかりを安易に生み出す。結果的に数の割には魅力的な書籍が少なくなり、本離れを招き自分の首を絞めています。

　読書好きな一人の人間として見ると、真因は出版側に内在していることに気づいていないのではないか、と思えてなりません。営業やマーケティングを含め、世のためになるたくさんの知見を啓蒙しながら自分達では活用しようとしないのは皮肉です。ここにも本来進むべき道を誤らせる目先の結果主義の悪影響が見て取れます。


　ここで紹介した事例は、旧来のビジネスモデルにしがみつき、なかなか変わることのできない出版業界に一石を投じる価値のある貴重なケーススタディであり、ブランド力をもち自分の将来を真剣に考える出版社であれば目指せる、ひとつの方向性を指し示しているはずです。


※参考文献『本が売れないというけれど』（永江朗、ポプラ新書）

## 事例8 個人力から組織力へ（大手外食チェーン）

　ある大手外食チェーンのお話です。「外食チェーンの営業？」と言われてもピンとこないかもしれません。店舗にいわゆる【営業中】の看板は出ていますが、外食チェーンの場合の営業とは、店舗開発やスーパーバイザー業務のことを指します。

　店舗開発部隊の責任者となったN氏は、店舗開発部隊の立て直しを任されました。同社は全国で1,000店を超える店舗を展開していましたが、さらなるチェーン成長のために、毎年50店舗以上の新店舗開店を目指していたのです。ところが、毎年目標未達が常態化。店舗開発部隊は、いわばお荷物扱いで社内の信頼を失っていました。

　中期計画の最終目標は1,500店舗達成と毎年前年度比103％アップの採算向上。そのためには好立地・高採算店舗づくりが絶対条件です。

　N氏は、それまでもトータルリウォード（註²）による行動科学マネジメントに興味をもち、部員との関係づくりやコミュニケーションなどの組織運営に活かしていましたが、より抜本的な変革を行なうために「店舗開発業務の見える化」と「プロセス評価のパイロット導入」を決断しました。


　まず課題を整理したところ、
①目標数を追うあまり、物件チェックが甘くなり不採算店が増えている
②仕事の進め方が属人的で組織的な動きができていない
③開店後の採算を上げるためにはスーパーバイザー部隊（SV部隊）との連携が必要だが、組織の壁が存在し十分機能していない
　という3つの課題が浮かび上がりました。

　そこで目的を「個人力による店舗開発から、組織力による店舗開発」、サブテーマを「1．数を追って質を落とす失敗からの脱皮」「2．学習する組織へ」「3．営業部との連携強化」と明確にした上で、店舗開発プロセスの標準化と見える化を3ヶ月間で行ないました。

次に同じく 3 ヶ月間をかけ、プロセス評価の設計。「立地調査の徹底」「物件事業計画精査」「人財育成」「失敗・成功事例共有」「不振店対策」をプロセス評価項目として設定。さらに、「物件を紹介してくれる新規業者の開拓数」「調査中の物件候補数」「来期開店可能な有効物件確保数」もKPIとして設定しました。

　見える化の作業に着手して半年ですぐに業績改善効果が表われました。導入前の実績38店舗に対して48店舗を開店（達成率96％）。不採算店も 5 店舗から 1 店舗に減りました。プロセス評価の導入までには 3 ヶ月の時差がありましたが、先行してプロセス見える化のマネジメントを開始していたため、想定より早く効果が表われたのです。

　こういった試みに対し現場は抵抗するのではないか、との心配も当初はありましたが杞憂に終わりました。プロジェクトの趣旨を十分説明し、主要部員からのヒアリングを行なったこともあり、アンケート結果も「80％以上が見える化の効果、プロセス評価の公正さに満足」という、ちょっと高すぎるのではないかというほどの好反応。プロジェクト関係者も予想外の嬉しいフィードバックに驚いたほどでした。

　科学的な営業マネジメントで店舗開発部隊を立て直したＮ氏は、その功績を認められ、その後SV部隊も含めた営業本部全体の担当役員を経て、同社の担当常務として経営の中枢を担う立場です。プロジェクトを支えた他のメンバーもワンランク上の責任を任され活躍中です。

　その後圧倒的なNo.1シェアを握っていた競合が異物混入問題で消費者の信頼を失ったこともあり、シェアの大幅奪還も達成しましたが、それも地道なプロセスの積み重ねという基盤を着実に築いていたから成し得たものです。

　もともと評判だった商品のおいしさに加え、健康志向、生産者の顔が見える安心感、フランチャイジーを大切にする経営方針が相乗効果を生み出し、同社のさらなるシェア拡大と飛躍が期待されます。

註[2]：給料や賞与などの金銭的報酬だけでなく、成長実感や人間関係などの非金銭的報酬も含めて報酬を総合的にとらえる考え方）

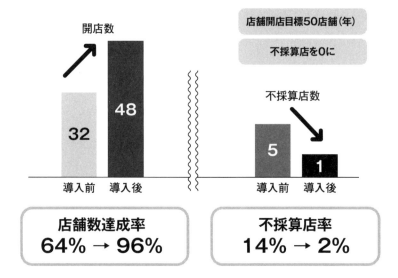

開店数

店舗開店目標50店舗(年)

不採算店を0に

32 導入前
48 導入後

不採算店数

5 導入前
1 導入後

店舗数達成率
64% → 96%

不採算店率
14% → 2%

## 分析　SFA／CRMが活用されない 9つの失敗パターン

　以上、成功事例を8つ紹介しました。しかし、失敗パターンの方が、人の心に残りやすいようなので、最後に比較対象として「9つの失敗パターン」も紹介します。

　見える化はSFA／CRMなどのDXツールとセットで導入されることも多いので、DXツールと関連する失敗パターンとして取り上げます。

　新型コロナによる劇的な変化に対応するために、テレワーク時の仕事の見える化や、本気で営業変革を目指す動きが進みました。

　DXを掛け声としたSFA／CRMの見直しを検討しているところも増えましたが、これまでの失敗経験を糧にして、「システム導入前のプロセス設計」の大切さや本質に気づき、システムを変える前にプロセスの標準化や見える化を先にしっかりやろうという会社も出てきているのは、本当に喜ばしい限りです。

　そう、**SFA／CRMは営業活動を支えるためのツールであり、しょせんハードです。肝心なのはその上にのるソフトなのです**。ソフトの部分を整理しないまま、システム設定を目的とした"簡単なプロセス分析もどき"だけやって満足してしまう勘違いパターンが、これまでのSFA／CRMの浸透を阻み、現場に歓迎されない残念なシステムを生み出してきました。

　責任者が自分の非を認めたがらないのであまり表には出てきませんが、これまで営業支援ツールを入れたものの十分活用されておらず、いわゆる失敗に終わってしまっているケースも実態としては多いのです。

　しかし、コロナ前に比べてテレワークがかなり一般的になってきた今、DXツールを活用しないという選択肢はもはやなくなってしまいました。結果を効率的に出すために、仕事のプロセスを標準化して見えるようにする。そして、そのプロセスを実践し徹底することを支えるのがDXツールの役目です。

しかし、システムの各ベンダーは成功事例を紹介してくれていますが、きれいにまとめられてはいるものの、再現性が難しく自分ゴトにしにくいのは否めません。ユーザー側も経験を重ねて知識も増え、ツールだけではうまくいかないこともわかっているので、本当に活用するには何かが必要なのかという一段上の課題感をもっています。

　そういった背景も踏まえ、ちょっと変則的かもしれませんが、SFA／CRMを導入する時に気をつけてもらいたい「9つの失敗パターン」をまとめました。以下、1つずつ簡単に説明していきます。

### ①経営層やマネージャーが使わない

　まず、1番目の「経営層やマネージャーが使わない」から始めます。文字通りの話ですが、上の方がSFA／CRMを導入・活用することにあまり関心がなく、システムを使わなければ、下も当然使わなくなります。

　上が真面目に使わないということは、本気でないという証拠なので、下も使うモチベーションが上がらないのです。

　例えば、システム真面目に入力していても、上司からの「あの案件どうなった？」と聞かれます。使っていないことがばれる瞬間です。部下は「システムに入力してあるので、そちらを見てください」とは面と向かっては言いにくいので、仕方なく口頭で同じことを報告します。

　これを繰り返すと、そのうち「システムに入れても見てもらえなら意味ないや……」ということになります。

　営業システムの場合、経理や精算システムなどとは違って、入力が必ずしも必須ではないので、入力率はだいたい6割からスタートします。そして、放っておけば、段々入力率が下がり、使われなくなるのは時間の問題です。

### ②SFA／CRMの目的が浸透していない

　次に、「目的が浸透していない」。何のためにシステム導入したのかという本質や目的が、現場に浸透していないパターンです。そのため、本来意図していたのと違う使い方をされてしまうことはよくあります。

## SFA／CRMが活用されない9つの失敗パターン

❶ 経営層やマネージャーが使わない

❷ SFA／CRMの目的が浸透していない

❸ プロセス設計が不十分

❹ 入力項目が多すぎる

❺ 多重入力による負荷増

❻ 継続的な見直しを行なわない

❼ 蓄積されたデータを活用しない

❽ 旗振り役の異動

❾ 管理部門主導で導入を行なう

　例えば、現場の嫌がる行動管理や、結果の数字の集計ツールといった
ところです。理由は、先にシステム導入ありきで目的をあまり深く考え
ていない、そもそも営業戦略がないのでツールを入れてもどう活用して
よいかわからないなど、初歩的な問題がほとんどです。

### ③プロセス設計が不十分

　そして、3番目に「プロセス設計が不十分」がきます。本書でこだわ
っている「プロセス標準化・見える化」のお話です。
　プロセス設計がシステム設定を目的とした、言葉は悪いですが、しょ
ぼいものだと、営業は入力する意義を感じません。また、現場の意見を
取り込まずに、システムの仕様に無理に合わせようとすると、実際の現

場運用との摩擦が生じて、着実に失敗に向かっていきます。

　例えば、SFA／CRM導入を企画した管理部門の考えだけで進めてしまう場合などに、プロセスの内容について現場の意見を十分取り入れていない、理想形を目指しすぎてしまい現実の営業レベルや実態に合っていない、などのパターンに陥りやすいのです。

### ④入力項目が多すぎる

　4番目は、「入力項目が多すぎる」という問題です。管理する側からすると、あれもこれもデータと多くの入力項目を設定したくなります。上記③のプロセス設計をしっかりやっておかないと、結果に至るプロセスやKPIが整理されていないので、項目が絞り切れないのです。自信がないと項目を絞ることができず不安だという心理が根底にあります。

　特に、使い方に慣れない段階（導入初期段階）から、あれもこれもと欲張って多くの入力項目を無理に入れさせようとすると逆効果になります。

　入力する側からすると、項目が多ければ多いほど面倒くさくなるのは当然です。営業を効率化するのではなく、入力の手間が増えるだけなので、不満がどんどん蓄積していきます。説明が不十分だと、何のために入力するのかわからなくなり、当初の目的からずれてしまいやすくなります。集中すべきことや課題解決の焦点もぼけてしまいます。

### ⑤多重入力による負荷増

　5番目は「多重入力による負荷」の問題です。同じデータの入力を、忙しい営業に何度もさせると失敗しやすいということです。システムが1つに集約されておらず、別な関連システムが存在したまま放置されていると、同じ情報をシステムごとに入力しなければなりません。

　だったらさっさとシステムをひとつにまとめればよさそうなものですが、そう簡単にはいきません。技術的にシステム連携が難しい、あるいは、費用がかかる、そういったところがネックになります。

　例えば、予算管理を別システムで行なっている、顧客情報の様式がシ

ステムごとに異なっていて一元化が必要（名寄せの問題）、部門ごとに異なるスケジューラーが併存しているなどです。会社が何と言おうが、独自の報告フォームを使わせ続けるツワモノの上司がいるという話も聞きます。

　特に、会社名や住所などの基本的な顧客情報ですが、営業員にこういった基本情報を3つ以上のシステムへ入力させようとすると、現場の入力負荷が増し、システムに対する不満として噴出するので必ず失敗します。

### ⑥継続的な見直しを行なわない

　6番目は「継続的な見直しを行なわない」。導入当初はうまく稼働したが、その後プロセスや設定画面の見直しを1年以上行なわないというパターンです。設定等の見直しは現場の要望を取り入れながら継続的に行なわないと、新鮮味も薄れ失敗につながります。

　システムは導入して終わりではありません。しかし、導入は大変なので、プロジェクトが終わるとホッとして「やれやれ、やっと終わったよ。あとは現場でヨロシク！」というパターンになりがちです。

　しかし、現場の意見を取り入れながら、使い勝手をよくしたり、プロセスを見直したり、常に進化・カイゼンさせていかないと、ほんのちょっとしたことでシステムは使われなくなります。現場要望とシステムの不整合を修正しないと、現場は不満を感じ活用度が低下してしまうのです。

### ⑦蓄積されたデータを活用しない

　7番目は「蓄積されたデータを活用しない」。入力した貴重なデータの活用や分析が充分にできていない、せっかく忙しい中をぬって入力しても分析データを見たこともない、というパターンです。

　本当は営業会議での営業強化策の検討や、戦略を考えるための根拠として使いたいのですが、せっかく忙しい営業に入力してもらった、貴重なデータを活用しないのはもったいないです。"できる営業とできない

営業の比較"や"有効営業時間"のように、営業プロセスの見える化や、行動パターン分析にぜひ役立ててもらいたいものです。

### ⑧旗振り役の異動

8番目の「旗振り役の異動」。現実的には意外と多いのがこのパターンです。順位はもっと上でもよいかもしれません。プロジェクトを強力に推進していた旗振り役が異動したのに、時間がなく後任への引継ぎが十分行なわれていないという話は珍しくありません。

そもそも、組織の中で変革のできるリーダーはそう多くはいません。それなのに、"前任者否定主義"という人間くさいやっかいな問題も組織には存在します。簡単にいうと嫉妬みたいなものですが、前任者がライバル、嫌いだからという理由で、それまでやってきた試みを否定して、せっかくみんなで苦労して入れたシステムをダメにしてしまう、そんなケースも結構見てきました。

### ⑨管理部門主導で導入を行なう

最後は「管理部門主導で導入を行なう」というパターンです。つまり、営業現場の実態を知らない情報システムなどの非営業部門／管理部門主導で、SFA／CRMの導入、項目設定、運用管理を行なってしまうことです。

特にセキュリティ面、あるいはかつて流行った内部統制など、営業強化や効率の改善、あるいは、プロセスの見える化・改善といった本質的な目的より、管理部門の内向きの自己防衛的な目的や都合を優先してしまうと、現場にとっては使いにくいシステムになってしまいます。

売上や利益にはつながらない入力項目が増えると、営業にとっては何のメリットもなく余計な仕事が増えるだけです。繰り返しになりますが、セキュリティ、不祥事対応など内向き・管理的な目的でシステムを導入すると、失敗に向かって一直線です。システムを使う主体はあくまで現場のユーザーであり、彼らにかかる負荷をできるだけ少なくし、メリットを与えるものでなければ使われなくなるのは時間の問題です。

以上、SFA／CRMがうまくいかない9つの失敗パターンを紹介しました。教科書にはあまり書いてありませんが、よく陥りがちなパターンなので、導入にあたってはくれぐれも注意してください。

　最後にもうひとつ**"人事評価のアンマッチ"**という裏の失敗パターンもつけ加えておきましょう。これは、システム導入の目的と人事評価の内容が合っていないというものです。

　例えば、結果を出すためのプロセスを大切にするやり方を導入しようとして、経営者や営業リーダーがいくら「プロセスが大切に」と唱えても、人事評価が従来通り"結果の数字"しか見ていない場合、営業にとっては面倒くさいことが増えるだけで、何のメリットもありません。メリットがなければ、真面目に取り組もうとする社員が少ないのは当然です。そのため、本来の意図が理解されずに、「また、上が変なことを言い出したよ……。忙しいから適当にやっておこう」くらいにしか取ってもらえず、失敗につながるケースも出てきてしまうのです。

# おわりに

　私が代表を務める株式会社フリクレアは「プロセス見える化」と「プロセス評価」をビジネスの２本柱とするコンサルティング会社です。
　「３次元プロセス分析法®」という独自の手法によるプロセスの標準化＆見える化。そして、プロセスを大切する考え方であるプロセス主義を徹底・浸透させるために、「進化したプロセス評価®」をポスト成果主義として提唱しています（進化したプロセス評価については８章で触れていますが、より詳しく知りたい方は、拙著『さらばイエスマン　人が生きるプロセス評価』にも一度目を通していただければと思います）。

　もともと起業志向だったのですが、創業前に３つの会社に勤めました。最後に籍を置いていたソフトブレーンという会社で、主に営業をターゲットとしたプロセスの見える化のソフトウェア販売とコンサルティングを行ないました。そこで、**"成果主義に代わるプロセス主義®のコンサルティング"**という起業のヒントを得ることができました。
　ソフトブレーンでは、100以上の大手・中堅企業の営業支援ツール導入やプロセス改善をお手伝いしましたが、正直に言ってそのすべてがうまくいったというわけではありませんでした。それには様々な理由が考えられましたが、その中でも「人事評価がリンクしていない」というのが一番の原因ではないかと感じました。
　今の時代、成果をあげるためにはプロセスも大切にすべきだという提案をして、反対する人はあまりいません。むしろ、結果を出すためにはプロセスも大事であることに気づき、本気で何とかしたいと考えている人も多いと実感しています。
　しかし、人事評価が今まで通り結果にしか目を向けていない場合、残念なことにせっかくのプロセスを大切にしようとする考え方がなかなか浸透しないのです。結果的には、新しいマネジメント法やツールのせい

にして、プロセスを大切にする試みが後退したり、ひどい場合はその反動で、極端な結果主義や精神主義に戻ったりするケースもありました。

　そういうわけで、起業当初は、人事評価のコンサルを中心にするつもりでした。ところが、人事評価は、問合せをもらったタイミングで必ずしもすぐには変えられないなどの問題がありました。
　そんな中、お客様と話していると、人事評価以前の課題として、プロセスの見える化（業務の棚卸・標準化・資料化・共有化）がまだできていない会社が多いことに気がつきました。また、解決すべき課題としてよく挙げられるものの、見える化を実際どうやってやればよいのかわからない、人も時間もお金も限られるというネックがあることもわかりました。
　このことをきっかけに、プロセスの見える化を誰にでもわかりやすく簡単にするにはどうすればよいか、思案するようになりました。
　業務プロセス分析というと、どうしてもお金と時間と手間のかかる大掛かりなものを連想しがちですが、時間と手間を最小限に、かつ、コストも安くできないかと考え抜いて、たどり着いたのが３次元プロセス分析法®だったのです。
　まず手間と時間を減らすために、ヒアリングの対象者を絞ることにしました。通常のプロセス分析では、ヒアリング対象者もできるだけ多い方がよいという思い込みがあるので、何十名もの人に断片的にヒアリングします。平等主義にのっとって広く浅く話を聞くために、内容の鋭利さがどんどん失われていきます。
　結局、間違いとは言えないがどこかで聞いたことのあるような、差しさわりのない一般論に落ち着いてしまうのです。

　私の場合は、対象者を「できる人」１〜３名に絞り、毎週２時間、３ヶ月の間、ヒアリングを行ないます。そして、お客様と一緒に議論しながら、成果を生み出すための原理原則である「当たり前のこと」や「やるべきこと」を、具体的に資料化して導き出します。見える化ツールの

修正をくり返して、完成させます。

　１〜２回のヒアリングでは一見正しそうに思えたプロセスも、考える角度を変えるとその答えが変わってきます。トヨタでは「なぜを５回くり返せ」と言うそうですが、３次元プロセス分析法®では、作業を進める中で自然に、「なぜ」を５回以上くり返すことになります。

　ヒアリングは１週間に２時間程度ですが、少人数のできる人の話をじっくり聞くだけで、見える化の土台が出来上がります。仕事ができる人の何気ない一言や日常的な行動の中には、多くのヒントが隠されているのです。

　この会社の貴重なノウハウという知的資産を有効活用することを、面倒くさい手間と感じるか、必要なプロセスと考えるかは、組織が生き残れるかどうかの分水嶺です。トータルでは投入した時間と手間とお金について、高利回りのリターンを得ることができるのは確実ですが、その価値判断は経営層や営業リーダー次第です。


　日本人はカイゼンが得意だと言われますが、それはモノづくりにおいての話です。営業を含めたホワイトカラーは、まだまだ無駄が多いとよく指摘されます。自分の会社の業務の見える化はできていると、自信をもって言える会社がどれくらいあるでしょうか。現場はその重要性に気づきながらも目の前の仕事に忙殺され、具体的なやり方もわからず手をつけられないまま、閉塞感を感じながら悩み続けています。

　ではなぜ、非製造分野の業務がカイゼンしにくいのか。答えはカイゼンする対象がはっきり見えていないからです。製造現場のように「カイゼンするモノ」がはっきりしなければ、カイゼンできるはずがありません。

　見えるモノがないまま手探りで業務改善や生産性向上に取り組んでも、細かいコスト削減などの見当違いの方向に行ってしまったり、管理志向が強くなったりしがちです。だから、プロセスの見える化が必要になるのです。

今後の日本経済をさらに活性化させるためには、製造分野だけでなく、非製造分野の暗黙知をどれだけ見える化できるかが大事なポイントになります。特に業績に直結する営業の見える化は最優先事項であることは間違いありません。

　暗黙知を100％形式知にすることは難しいかもしれませんが、30％でもプロセスが見えるようになれば、必ずその先もはっきりしてきます。

　"今がまったく見えていないのであれば、30％でもまずは合格だ。最初の30％が見えれば、必ずその先も見えてくる。今までは何も見えてなかったのだから、一度に欲張ってすべてを見ようとしないことだ"

　あるお客様に教えられて、ハッとさせられた金言です。


　本気で業績アップのためのプロセス見える化に取り組みたいのであれば、まず「忙しいから」「面倒くさい」という言い訳を捨てることです。見えていないから忙しいのです。見える化から逃げ続けても、問題はいつまでも解決しません。

　従来の"見えない化"された営業マネジメントの延長戦上には勝利はありません。言葉は悪いかもしれませんが、今までの常識は捨て、だまされたと思って一度真剣に営業プロセスの見える化にチャレンジしてみてください。必ず何かに気づきます。必ず見えてくるものがあります。そしてその先に、本質的な課題と解決の光が見つかるはずです。


山田和裕

# 読 者 限 定 特 典 の ご 案 内

## 『プロセスシート（簡略版）の作成に挑戦（目標1時間）』
## 小冊子PDFダウンロードプレゼント

　この度は本書をご購入いただき、誠にありがとうございます。3次元プロセス分析法による「プロセスの見える化」に自分でも挑戦してみたいという読者向けに、読者限定特典として『プロセスシート（簡略版）の作成に挑戦（目標1時間）』という小冊子PDF（10ページ）を用意しました。下記URLのウェブサイトにて、無料でダウンロードできます。

　自分が働く組織で活用して、課題や効率的に成果を出すやり方を共有し、業務プロセスの見直しや見える化や改善に役立ててください。少しずつでもプロセスを見えるようにするためのきっかけにしてもらえれば幸いです。

### QRコードを読み取って特典を受け取る

※特典の紹介ページは下記からもアクセスできます。

## https://www.flecrea.com/download

必要情報をご記入時、パスワードを求められますので、
入力欄に「flecrea0521」と入力してください。

- この「読者限定特典」は、上記ウェブサイトでの配布となります。また、ダウンロードに際してはお名前、メールアドレス等の必要情報の登録が必要になります。
- 登録された情報は、株式会社フリクレアのセミナーやサービスのご案内等、営業活動等に使用させていただく場合がございます。適切な管理に努め、承諾なしに他の目的に利用しません。
- 上記の「読者限定特典」は事前の予告なく終了する可能性があります。ご興味のある方は、お早めにダウンロードをお願いします。
- 読者限定特典に関するお問い合わせは、株式会社フリクレア（メール info@flecrea.com、TEL 03-5637-7180）までお願いいたします。

著者略歴

山田　和裕（やまだ　かずひろ）

株式会社フリクレア 代表取締役社長
丸紅㈱、旧バーンジャパン㈱、ソフトブレーン㈱で勤務。連続トップセールスを務めながら、営業プロセスコンサルタントとして 100 社以上の大手・中堅企業の営業強化支援やプロセス改善のコンサルティングを行なう。業績アップのためのプロセスの見える化と徹底、それを支える人事評価の変革を目指し、業務プロセス分析と人事評価コンサルティングを行なう株式会社フリクレアを 2008 年に設立。プロセスの標準化＆見える化を行なう独自の "3次元プロセス分析法" と、ポスト成果主義として "進化したプロセス評価" を提唱中。会社のスローガンは「プロセス主義を浸透させ、人事評価を変える」。プロセスコンサルティング、次世代プロセス評価の第一人者として、結果を出す勝ちパターンの見える化、新規事業強化、業績改善、プロセス評価の導入などを強みとしている。著書に『1000 人のトップセールスをデータ分析してわかった　営業の正解』（かんき出版）など。1984 年一橋大学商学部卒業。宮崎県出身。

【お問い合わせ】
株式会社フリクレア
〒130-0001　東京都墨田区吾妻橋1-23-30-1409
TEL：03-5637-7180　　FAX：03-3622-2577
URL：https://flecrea.com/　Mail：info@flecrea.com

最新版　1枚のシートで業績アップ！
営業プロセス "見える化" マネジメント

2023 年 9 月 13 日　初版発行

著　者 ── 山田和裕

発行者 ── 中島豊彦

発行所 ── 同文舘出版株式会社

東京都千代田区神田神保町 1-41　〒101-0051
電話　営業 03（3294）1801　編集 03（3294）1802
振替 00100-8-42935
https://dobunkan.co.jp/

©K.Yamada　ISBN978-4-495-53452-3
印刷／製本：萩原印刷　Printed in Japan 2023